林下经济规划设计指导实务

江 涛　陈生永　宋荣孝　廖望仪◎主编

中国农业出版社
北　京

编辑委员会

前言

林下经济是一种以森林生态系统为基底，通过科学配置林木与林下种养、采集加工、生态服务等多元业态而形成的复合经营体系。林下经济既有别于传统林业生产，又不同于农业生产，核心在于立体开发林内空间资源，主要强调林业与农业、文化旅游、康养等不同产业的生态化融合及绿色可持续发展。为了依托林业创造新的经济效益、社会效益和生态效益，国务院办公厅于2012年7月发布《关于加快林下经济发展的意见》（国办发〔2012〕42号），明确提出发展以林下种植、养殖、相关产品采集加工和森林景观利用等为主的林下经济，对加快林业产业结构调整、巩固集体林权制度改革和生态建设成果、增加农民收入发挥了重要作用。国家发展改革委等相关部门也相继发布过相关的政策文件，进一步明确在保障森林生态系统质量的前提下，要充分利用林下空间积极发展林下经济，推动林下经济向规模化、标准化的方向发展。同时，要紧密结合市场需求，积极探索多种森林复合经营模式，合理利用森林资源，推动林下经济产业规范化发展。

2024年9月15日，国务院办公厅发布《关于践行大食物观构建多元化食物供给体系的意见》（国办发〔2024〕46号），指出要积极发展经济林和林下经济，稳妥开发森林食物资源，要求规范发展林下种养、推广森林复合经营模式，发展林禽、林畜、林蜂等林下养殖，开发新型森林食品。

在林下经济利好政策的指引下，林下经济必将成为新时代背景下林业产业的主流发展模式，其将在推进林权改革、保护和合理利用林业资源、促进乡村全面振兴等方面发挥积极作用。当前，全国各地在林下种植、养殖以及林产品采集加工和森林景观利用等方面进行的多元化探索与实践中，非常需要林业、农业、水利、生态、环境、景观、建筑、畜牧、中医药等多学科知识体系来支撑。在多专业融合的基础上，一、二、三产业复合型经营模式的发展必定重视林下经济项目的策划与论证等相关工作。而要做好这些工作，需要将林下经济项目的规划设计作为项目可行性论证的基础工作。

基于此，编者结合所在单位近年来在乡村振兴领域和林业共富项目中的规划设计和生产经营实践，从发展林下经济所需自然资源和条件、林下经济用地选址与森林调查和抚育、林下经济模式及种类选择、林下经济作物种类选择与种植方案、林业设施用地规划等方面进行阐述，整理出林下经济规划设计阶段的主要工作内容及相关要求，编写了《林下经济规划设计指导实务》。

本书内容通俗易懂，注重实际应用，既可作林下种植、养殖企业的参考用书，也可为从事林下经济规划设计的技术人员以及林下经济经营者、管理人员提供知识参考。

由于编者水平有限，书中难免有疏漏之处，敬请读者批评指正。

编 者

2025年5月

目录

前言

第一章　林下经济概述

第一节　林下经济的概念

林下经济是指主要依托森林资源及其所处的自然生态环境，在保证林业正常生产经营的前提下，以科技手段为支撑，通过合理利用森林空间、自然条件及森林景观，在林下发展以多种产业复合经营为主要特征的生态友好型经济，主要包括林下种植、林下养殖、林下非木质林产品采集和森林景观利用等。

发展林下经济是深入贯彻习近平生态文明思想，牢固树立“绿水青山就是金山银山”理念的重要举措。通过农业、林业、畜牧业、旅游业、健康业等产业的相伴相生与协调发展，建立健全生态产品的价值实现机制，推动区域形成经济、生态、社会协调发展的资源节约型、生态友好型、低碳环保型循环经济发展新模式，使其成为多产融合下促进乡村全面振兴和实现共同富裕的重要路径。

第二节　持续推进林下经济的意义

合理利用林地资源发展林下经济，既是调整种植业和养殖业结构、节约宝贵的土地资源、加快林业高质量发展、改善区域生态环境的重要举措，又是实现经济效益、社会效益和生态效益共赢的重要途径。

近年来，在国务院办公厅及国家相关部门发布的诸多利好政策的指引下，各级林业和草原主管部门在新时代背景下，持续扎实有效地推进林下经济这一重要产业经济模式，促进林区及所在区域的经济社会和谐发展，助力生态林区的健康建设。发展林下经济的主要意义如下：

（1）通过发展林下经济，培育林业生产经营新的经济增长点。以发展林区绿色种植业和生态养殖业为基础，将林业资源优势转变为产业优势，以实现调整林业产业结构的目的，有助于改变长期以来主要依赖砍伐木材获取林业经济收入的单一发展方式。

（2）挖掘森林系统内的可利用资源及潜力，以满足社会群体对健康、绿色的农林副产品的客观需求。

（3）通过适度开发林地资源，增加林地的经济产出物，既可增加林业生产经营单位的经济收益，又能提高林业职工的经济收入。

（4）在坚持以林业生产为主的前提下，适度利用林地内的有限空间来发展与林业生产相关的副业，通过以副业养主业的模式为林业生产经营拓宽创收渠道，有利于林业的可持续发展。

（5）在林下经济项目的生产经营过程中，通过就近招聘社会劳动力，不仅能够拓宽林区周边居民的就业渠道，还有利于促进林区及周边区域经济社会的稳定发展。

第三节　利用林业发展林下经济的优势

一、产业互补优势

传统林业和传统农业都是相对封闭的单一产业，林、农产品的经济价值有限且不稳定。传统林业主要利用林木获取经济收益的途径虽然不会断，但发展已经受阻，生产经营压力大。传统农业在当前以工业化为主导的市场经济环境下，想获得较高的社会利润较难。传统林业和农业的收益一定程度上依赖各级政府的财政补贴，依靠自身很难摆脱经济效益不高、生产周期长、市场适应力不足的现实困境。

农林复合经营模式下的林下经济具有生态价值和经济价值相结合的综合优势。林下经济可结合林业、农业各自的优势，通过“取长补短、以短养长”的方式实现增产与增值，若利用得当，不仅能助力当地的经济发展，还能发挥维持和改善林区生态环境的积极作用。

二、生态保障优势

森林系统内生物种类繁多，生物种类丰富，环境相对稳定，物种间的相互依存关系复杂，生态优势较为明显。通过利用森林系统的生态优势，在符合森林生态系统特定的物质循环、能量流动、节约水土资源、保护生态环境的条件下，合理利用林地内生物种群间的有利作用和积极影响，选择与之相适应的生物种类来构建以经济收益为导向的森林生产系统，可实现经济效益和生态效益的双收获。

三、应用空间优势

发展林下经济的最大优势，就是对森林生态系统内的自然资源实现多空间、多时段、多类型的可持续利用。在维持用材林、经济林和薪炭林正常生产的条件下，可将林地内清新爽朗的空间和优质无污染的土壤环境提供给种植业、畜牧业和休闲健康产业使用，以多样化的途径和方式为区域林业发展创收增效。

第四节　林下经济类型及发展方向

一、林下经济的类型

经过全国各地多年来的生产实践，林下经济的类型已呈现出多种多样的局面。常见的林下经济类型有林下种植类、林下养殖类、林下种养结合类、产品采集加工类、森林景观利用类。

在规划林下经济类型和确定不同种类的发展规模时，需要考虑适当规模下的预期经济效益。如果林下生产经营者有申请上级财政资金的需求，应尽量按照示范基地的规模和指标去规划建设林下经济项目。根据国家林业和草原局现行的相关规定，林下经济类型及示范基地指标详见表 1-1。

表 1-1 林下经济类型及示范基地指标

序号	类型	示范基地指标
1	林下种植类	集中连片面积达到 500 亩* 以上，近 2 年年均产值 500 万元以上
2	林下养殖类	集中连片面积达到 300 亩以上，近 2 年年均产值 300 万元以上
3	林下种养结合类	林下种植集中连片面积达到 200 亩以上，林下养殖集中连片面积达到 200 亩以上，近 2 年年均产值 400 万元以上
4	产品采集加工类	采集区利用森林面积达到 500 亩以上，近 2 年年均产值 300 万元以上
5	森林景观利用类	集中连片面积达到 1 000 亩以上，年接待人数达到与上述面积相适应的规模

注：具有重大模式创新、科技创新、机制创新等，经济效益明显，具备独特示范作用的基地，可适当放宽条件。

* 亩为非法定计量单位，1 亩 $=1/15hm^2$。——编者注

二、林下经济的发展方向

在确定林下经济项目的发展方向时，原则上应按绿色化、精品化、定制化、特色化、融合化的主导方向进行规划，需要坚守不破坏森林生态环境的底线，在客观分析当地林业资源禀赋及相关产业规划的基础上，谋划出符合当地社会经济发展方向的原生态、绿色、有机、低碳、环保的产业。关于林下经济发展方向的建议，详见表 1-2。

表 1-2　林下经济发展方向建议

主导方向	具体指标	指标说明
绿色化（“三绿”）	产品绿色化	严格保护产地生态环境，鼓励对林下经济产品进行绿色食品、有机农产品、森林生态标志产品等认定
	生产绿色化	坚持原生态、绿色、有机种养方式，严格管理饲料、肥料等投入品，采集加工、分级包装、贮藏运输等产业链绿色集约化
	服务绿色化	通过对现有的建筑实施节能改造及林下低强度低影响开发等，发展森林康养、森林人家、林家乐等特色服务，提供绿色、低碳、节能服务
精品化（“三精”）	产品精品化	走精品路线，杜绝以量取胜；完善质量检测和市场监管体系，保证林下经济产品的质量
	基地精品化	进一步完善示范基地动态管理机制，严格示范基地准入，强化过程管理，严进宽出
	服务精品化	开展森林景观利用类型的林下经济活动，如森林康养、森林人家、林家乐等，深入开发和丰富服务类型，切实提高服务质量，打造精品服务典范

（续）

主导方向	具体指标	指标说明
定制化（“三定”）	供销定制化	广泛应用订单生产、定向销售、认种认养、直采直供等模式
	平台定制化	定制各地市场需求信息公共服务平台，采取互联网推广、产销直挂、连锁经营等营销手段
	科技定制化	加强与科研部门合作，针对不同林下经济产品和市场需求制定不同的科技研发课题，提高产品科技含量，以产品创新拓展市场
特色化（“两特”）	品牌特色化	强化地方特色，打造本土品牌，坚持“乡、土、特、野”原则，培育各地特色品牌，力争打造全国知名特色林下经济品牌
	产业特色化	强化地方优势产业，发挥本土产业优势和比较优势，做大做强产业链条，补齐区域全产业链条
融合化（“三融”）	模式融合化	适合区域可大力发展林下种植、林下养殖、采集加工和森林景观利用等多元融合模式，推行“种而优则游”，延伸产业链，提升附加值，提高综合效益
	产业融合化	推进“三产”融合发展，尤其是加强与中医药、保健、食品开发、化妆品、旅游等产业的延伸合作
	合作融合化	推进“公司＋合作社＋基地＋农户”联合经营模式及其衍生模式，营造“企业带合作社及大户，合作社及大户带小户，千家万户共同参与”的发展格局

第五节　林下经济的发展现状及前景展望

一、林下经济的发展现状

各级林业和草原主管部门根据国家层面的宏观要求和相关部门的指导意见，通过十几年来的林下经济推广实践，相继发展了以种植或养殖为主的、较为简单且粗犷的林下经济产业，与“林业健康发展、生态保持良好、农民稳固增收”的目标还存在一定的差距。总结起来，当前林下经济实际现状如下：

（一）自发生产经营的理念根深蒂固，组织化程度偏低

林下经济项目多以自发的生产经营为主，相应的生产组织化程度偏低，尚未形成稳固的龙头带动和引导效应。林下经济的生产经营主体多为个体户，虽然可以根据自身的生产经营需求确定林下经济的类型及规模，但存在的缺陷也较为明显，主要表现为标准化生产能力弱、规模化程度低、产品质量参差不齐、获取市场信息的渠道不畅通，更重要的是还不具备适时调整生产经营规模的能力，甚至为了短期利益还会以“价格战”压制同行，严重影响众多生产经营主体做好、做优、做强、做大的积极性，最终导致该地区的林下经济产品难以在市场竞争中产生具有地方

特色的优势。

（二）种植、养殖品种单一化，经营主体品牌建设意识不强

大多数林下经济的生产经营者受启动资金的限制，在规划林下经济项目的模式时，所选择的林下种植、林下养殖种类往往缺乏市场所需的主流产品，加上追求短期经济收益的主观需求，不会主动按绿色发展、生态经营的理念去创建品牌化的林下经济项目，势必导致林下经济的产业优势、产品优势得不到充分体现。

（三）产业链条短，效益产出低

大多数林下经济项目的产出物长期以直接收获农副产品及简单粗加工为主，由于普遍认为林下经济产业投入大、利润率低，因此很少通过深加工去提高农副产品的经济价值。究其原因，林下经济产业普遍缺少可提高产出物附加值的精细化产品和服务，生产经营者也较少主动开展农副产品深加工，基本上依赖经销商或生产商的买方市场行为来维持生计。这导致市场上缺乏相对稳定的、产业链较长的林下经济价值转化途径，使林下经济产出物的溢价率明显低于预期。

（四）森林资源利用率偏低，森林空间开发规模偏小

多年来，各级政府持续加大对林下经济的政策支持

力度，但是大部分地区的林业产业未能如期转型，尚未探索出具有地域特色的复合经营模式。虽然各地都在不断地调整林业产业发展相关规划，但独具特色的生态产品却不多。部分地区还因缺少林下经济专项规划和指导性较强的支持政策，导致基层林业部门和林下经济生产经营主体难以在扩大规模、拉长产业链方面有所作为。

（五）部分项目存在对林下资源过度开发的问题

部分林下经济生产经营单位往往急于在短期内获取收益，在取得所需的森林资源后，采取不利于森林生态系统保护的开发手段，过度开发利用的后果必然引起森林生态环境的退化，极易导致林地内的水土流失和环境污染。

（六）生产要素保障零散化，难以调动市场主体积极性

若非政府投资兴建，大多数林下经济生产经营主体不会重视林下经济所需的生产要素建设。此外，尽管有些地方的林业和草原主管部门出台了支持林下经济的文件，但由于建设资金短缺，文件中提出的生产要素难以落实到位，无法满足林下经济生产经营的需要。基于上述主客观原因，发展林下经济所需的水、电、路、通信等基础设施条件普遍不健全或不完善，直接制约林下经济的发展。

（七）科技支撑能力和基层技术力量薄弱

各级政府对发展林下经济提供的科技支撑以倡议性的科技推广为主，高校、科研单位虽会不定期发布有关林下经济的科研成果和应用技术，但其提出的理论化成果明显跟不上市场发展和实际生产经营的需要。

另外，基层林业管理部门和技术推广单位缺乏有经验的专业技术人员。虽然基层林业管理部门能为林下经济生产经营者提供一定的专业化技术服务，但不足以为林下经济生产经营提供强有力的技术支撑，导致相当多的林下经济生产经营主体为了降低风险，一般只会继续使用传统的种植、养殖方式以及粗放的管理模式，不会冒险去发展缺乏专业技术指导的优质产业。

（八）产业体系水平低，“三产”融合有待提高

当前的林下经济普遍存在产品结构单一、产业化程度不高、产业间的相互协同与融合不够等问题。虽然每个地区都有一定数量的林下经济生产经营群体，但大多数地区尚未形成具有地方特色的知名品牌和龙头企业，导致“优质却不优价”的现象依然突出，产品经济附加值低、市场销路不畅等不利于发展的情况也较明显。此外，虽然各级政府和社会各个层面都在倡导生产、加工、销售、服务等方面的“三产”融合，但只有少数林下经济生产经营者在小规模地尝试和摸索，寻求将传统种植、养殖与农耕体

验、文化旅游、森林康养、科普研学、学生社会实践等相结合的差异化发展路径。因此，通过“三产”融合推动林下经济高质量发展，依然任重道远。

二、发展林下经济的前景展望

当前，在国家重大战略机遇的背景下，可借助国家、相关部门和地方配套的扶持政策，系统谋划以产业导入为主体的林下经济发展新模式。地方政府及相关部门需要主动融入和服务国家乡村振兴和共同富裕的重大战略，充分抓住中央关于深化集体林权制度改革的政策红利，尽快制定深化集体林权制度改革的具体实施方案，加快推进林下种植、林下养殖、林农副产品精深加工与销售、森林生态景观利用、森林康养体验、文化教育等多种业态相融合的林下经济发展新格局，为推动区域绿色产业发展注入新动能。

在制定林下经济指导性政策和方案时，需要结合区域资源优势和生产经营需求，完善可指导实施的相关产业发展方案。首先，需要从提升林下经济规模、产品品质、服务质量、品牌效益的角度出发，充分考虑林下经济经营主体的参与意愿和影响因素，制定有针对性的支持政策；其次，需要科学合理规划林下经济产业布局，制定有利于推动林下经济可持续发展和保障生产经营主体增收的产业规划；最后，需要充分调研和广泛征求意见，形成既能支撑宏观规划，又能指导具体实践的可操作性文件。

第二章　发展林下经济所需自然资源和条件

第一节　利用林地资源的总体原则

森林是保护自然生态平衡的重要绿色资源。在利用林地资源发展林下经济时，需要坚守在保护中开发利用的红线意识，遵循“保护优先、适度利用、用养结合”的原则，合理确定林下经济项目的类型、发展方向及林地资源利用强度。

一、低限度地利用生态公益林

生态公益林对国土生态安全、生物多样性保护和经济社会可持续发展具有特殊且重要的作用，若需在公益林范围内发展林下经济，需遵守《国家级公益林管理办法》的相关规定，利用范围仅限于国家二级公益林和地方公益林，在不破坏森林植被且符合国土空间总体规划的前提下，适度开展生态化种植和林下生态产品采集加工，或利用森林景观资源发展休闲旅游、科普研学等项目。目前，尚不允许利用生态公益林发展林下养殖项目。

二、合理利用商品林

以用材林、经济林或薪炭林为主的商品林是林业生产经营的主要对象，现行规章制度对商品林的开发利用限制条件较少，可利用商品林发展林下经济。在商品林内发展林下经济，既可以利用林地空间种植，也可以利用林地环境进行生态养殖，还可以适度发展健康文化旅游及科普研学项目。

三、林下种植不能降低林地的土壤肥力

利用林地土壤发展林下种植产业时，所选择的种植作物不能与林地内的乔木、灌木争水争肥，可以给林下种植的作物施用不会对乔木、灌木产生副作用的有机肥或复合肥，确保不会降低林地土壤肥力。不得施用除复合肥以外的化肥，以免影响林地土壤质量。

四、林下经济不得破坏林地的生态环境

林下种植经济作物时，需要注意不得让林下地表长时间裸露，尽量保证林下土壤有植被覆盖，防止林地水土流失。

林下设置养殖项目时，应采用生态化、低密度的养殖方式。在规划的林下养殖范围内，还需要将养殖范围合理

划分成若干个轮养分区，在养殖期间按养殖分区实行定期轮休制度，便于林区环境的自然修复。

规划森林健康文化旅游项目时，应遵守林业和草原主管部门对于林业设施用地的相关规定，不得为了大规模或集中建造健康文化旅游项目的建（构）筑物而毁林、整地。

第二节 基本环境要素

无论发展何种类型的林下经济，均离不开水、肥、光、气、温度等基本环境要素的支撑保障，这些要素对包括人类、动物、植物在内的所有生物体都至关重要。

一、水要素

水要素主要包括水源、水质、水量、空气湿度、土壤保水性与透水性。林下种植、林下养殖、农林产品加工、森林康养、文化体育旅游等项目均需要有稳定的水源、达标的水质、可靠的供水量。在林下土壤上种植经济作物时，还需确保土壤含水率、保水性与透水性等条件能满足作物正常生长的需要。

二、肥要素

肥要素主要包括林地土壤的肥力及其所含的营养物

质。在林下土壤上种植经济作物时，土壤肥力和土壤表层中的有机质、氮、磷、钾等主要营养成分，以及微量元素，是保障经济作物正常生长的重要营养来源。

三、光要素

光要素主要包括光照度和光照时长。在林下发展种植和养殖项目时，动植物生长均离不开太阳光照，不同类型的经济作物或动物，其生长过程中对光照度和光照时长的要求有所不同。当林分郁闭度较大时，可通过适当抚育降低郁闭度以增加林下光照；当林分郁闭度较小时，可通过架设遮阳网等方式降低光照度。

利用森林空间发展森林康养和文化旅游项目时，社会公众进入森林空间体验时需要阳光的滋润。为社会公众提供体验环境时，需要尽量多的光照，可适当采取抚育措施降低林分郁闭度来增加林下光照，但抚育后的林分郁闭度不得低于林业部门规定的最低限度值。

四、气要素

气要素主要包括林间通风度、林下地表土壤的疏松程度和透气性。良好的通风条件是林下经济作物和养殖动物获取新鲜空气的重要保障。在土壤质地良好的情况下，土壤孔隙度较高，有利于土壤与空气之间的水汽交换。社会公众在林下体验森林康养和文化旅游项目时，良好的空气流通条件有利于提高体验舒适度。

五、温度要素

温度要素主要包括林地土壤和森林空间的温度及积温。无论是在林下种植经济作物还是养殖动物，其生长过程均需要不低于一定阈值的地温和空气温度。林地土壤从大气环境中积蓄热量，并将热量缓慢释放，既可满足经济作物和动物的生长需要，又能起到调节林地空间气温缓慢变化的积极作用。

第三节 林下经济所需的水资源及水环境质量

一、林下经济所需的水资源选择

水源是发展林下经济的基础条件。选择林下经济的水源时，优先选择邻近的地表水，一是取水方便，二是引水设施投资小。若取地表水确有困难或取水量不能保证，可凿井取地下水或就近引接自来水。

（一）地表水——河流

详细调查林下经济所在区域的河流资源，掌握其常年地表径流量和水质，若径流量和水质能达到林下经济项目的需求，则优先考虑将其作为水源。取水点尽量选择林下经济项目所在区域的上游，实现重力引水。若林下经济项目所在区域的地面高程高于河流高程，须根据二者的高差选择合适的位置取水，如通过提水设施将河流水提升到林下经济项目所在区域的最高点，实现水由高向低处自流。

（二）地表水——水库、山塘

林下经济项目所在区域有水库或山塘时，需要掌握水库和山塘的历年可利用蓄水量，结合林下经济项目所需水量，评价水库、山塘的可利用水量能否满足林下经济项目的用水需求。若能满足，则考虑就近从水库、山塘取水；若不能满足，可采用水库或山塘取水与其他取水方式相结合的办法来解决。

（三）自来水

林地内需要设置生活管理设施时，会涉及对生活饮用水和少量生产加工用水的需求，周边具备引接自来水条件的，可通过引接自来水来解决。在引接自来水前，需考虑以下因素：一是供水量能否满足需求；二是自来水引接点与林下经济项目所在区域的地势差和距离，若管理或生产区域的高程高于自来水引水点高程时，会增加供水增压设施的费用；三是自来水的水费较高，需要考虑使用自来水的成本。

（四）地下水

取用地下水时，取水点的选址需要避开地方政府划定的禁采区，同时尽量不在限采区取水。

1. 机井选址总体原则 通过机井取水，选址时应遵循以下原则：

（1）自然保护区内禁止打机井；在饮用水水源的保护区范围内，不允许打井用于非饮用水用途。

（2）核查所在区域的水文地质资料，了解区域地下水层分布及地下水的量等基本情况。

（3）以山麓（山地与平原或山地与山地之间的交界处）为最佳位置。

（4）远离污染源，例如受污染的农田、养殖场、化工厂、垃圾填埋场等，若无法避免时，则应选在污染源的上游。

2. 机井选址步骤

（1）尽量通过便捷方式初步确定取水区域。可向当地的水文地质专业部门寻求帮助，查阅项目所在区域的水文地质资料，了解用水区域的地层构造、含水层分布、地下水补给来源等情况，随后进行实地踏勘和仪器探测，初步选定取水区域。

（2）尽量了解清楚地层分布及结构。对于岩溶地层和煤炭地层，需要调研走访了解。如煤炭地层中的水，重金属含量一般会超标，应尽量避开；岩溶地层中的水通常含有碳酸钙、碳酸钡、硫酸钡等矿物质，水的硬度会较大。

3. 凿井前需向主管部门申请审批 以浙江省为例，机井深度不超过150m时，向水行政主管部门提出申请；机井深度超过150m时，需先向自然资源主管部门提出申请，获得许可后，再向水行政主管部门申请。

二、选择取水水源时需要注意的适用条件和限制因素

在确定林下经济项目的取水水源时，需要遵守《中华人民共和国水法》《中华人民共和国环境保护法》《节约用水条例》《地下水管理条例》《国务院关于实行最严格水资源管理制度的意见》《饮用水水源保护区污染防治管理规定》，以及地方政府发布的与水资源管理、饮用水水源保护区污染防治有关的要求，做好对取水方式和灌溉方案的综合论证，做到按需、适量取水，尽量减少取水、输水和用水过程中水资源的损失，提高水资源利用率。

（一）取水河流的选择与限制

在林下经济项目中，取水河流一般应选择非河流型饮用水水源的河流。在该类型的河流中取水时，须在规划阶段确定合理的取水方案及水资源论证方案，经水资源管理部门审核通过后方可取水。

此外，在林下经济项目选址时，需要避开河流型饮用水水源保护区。若项目选址紧邻河流型饮用水水源保护区或距离较近时，需要在林下经济项目范围内采取必要的水污染防治措施，防止林下经济项目产生的污染物流入河流型饮用水水源保护区。

为便于在现场调查工作中初步辨识河流型饮用水水源及其保护区范围，现将现场注意事项提示如下：

（1）水源保护区一般均会在醒目的位置立标示牌，在现场调查过程中需要留意，只要能找到标示牌，就能为现场调查提供初步的界线参考。

（2）在找到水源保护区标示牌的基础上，依据如下方式初步确定保护区范围：

一般河流水源地的一级保护区水域范围，长度按取水口上游不小于1 000m、下游不小于100m的范围确定。一级保护区范围内的陆域沿岸长度不小于相应的一级保护区水域长度。陆域沿岸纵深与一级保护区水域边界的距离一般不小于50m，但不超过流域分水岭。若河流有防洪堤坝，则以防洪堤坝为界。

一般河流的二级保护区水域长度从一级保护区的上游边界向上游（包括汇入的上游支流）延伸不小于2 000m，下游侧的外界距一级保护区边界不小于200m。二级保护区内的陆域沿岸长度不小于二级保护区水域长度。陆域沿岸纵深一般不小于1 000m，但不超过流域分水岭范围。若河流有防洪堤坝，则以防洪堤坝为界。

（二）取水山塘的选择与限制

山塘的主要功能多为灌溉，当山塘常年的蓄水量能得到保证时，可在林下经济项目附近的山塘适量取水，但不得将山塘蓄水用尽。需对生产期间的逐月需水量与山塘历年的可利用水量进行平衡分析，重点调查山塘在夏季伏旱期和冬季枯水期的可利用水量，经综合分析后对山塘水资源的可利用程度作出评价结论。

（三）取水水库的选择与限制

水库的主要功能包括防洪、发电、灌溉、供水、航运、养鱼、旅游等，水库的主要功能不同，其利用方向也不同。在确定林下经济项目取水水库时，要先调查清楚该水库的功能类型，适宜灌溉取水的水库可以作为林下经济项目的灌溉水源，其他功能的水库不能作为林下经济项目的灌溉水源。

当林下经济项目邻近供水水库时，需要考虑林下经济项目选址与供水水库保护区的关系。为了便于在现场调查工作中初步辨识供水水库及其保护区范围，现将现场注意事项提示如下：

（1）供水水库保护区一般均会在醒目的位置立标示牌，在现场调查中需要留意，只要能找到该标示牌，就能为现场调查提供初步的界线参考。

（2）供水水库一级保护区水域范围。小型水库和单一供水功能的水库，为其多年平均水位对应的高程线以下的全部水域；中型水库为取水口半径不小于300m范围内的区域；大型水库为取水口半径不小于500m范围内的区域。

(3) 供水水库一级保护区陆域范围。小型和单一供水功能的水库以及中小型水库，为一级保护区水域外不小于200m范围内的陆域，或一定高程线以下的陆域，但不超过流域分水岭范围；大型水库为一级保护区水域外不小于200m范围内的陆域，但不超过流域分水岭范围。

(4) 供水水库二级保护区水域范围。中小型水库将其一级保护区边界外的水域范围全部划入；大型水库按其一级保护区外径向距离不小于2 000m区域的水域范围划定，但不得超过水域范围。

(5) 供水水库二级保护区陆域范围。小型水库可将上游整个流域（一级保护区陆域外区域）全部划入。单一功能的水库和平原型中型水库，按一级保护区以外水平距离不小于2 000m区域划定；山区型中型水库按水库周边山脊线以内（一级保护区以外）及入库河流上溯不小于3 000m的汇水区域划定；大型水库按一级保护区外径向距离不小于3 000m区域划定；陆域边界不超过相应的流域分水岭。

（四）地下水源的选择与限制规定

地方各级政府对地下水实行限额开采，凿井抽取地下水前，需要向水行政主管部门提出申请，取水方案论证通过后，方可凿井取地下水。

此外，以地下水作为林下经济灌溉水源的，在规划取水及灌溉方案时，尽量应用喷灌、微灌、管道输水灌溉等节水灌溉技术，提高用水效率，并节约用水。

三、农作物灌溉的水质标准

林下经济作物的灌溉用水，水质可参考旱作物灌溉水质标准，具体按《农田灌溉水质标准》（GB 5084—2021）的规定执行（表 2-1、表 2-2），当该标准有更新或替代标准时，以更新或替代标准为参考依据。

表 2-1　农田灌溉水质基本控制项目限值

序号	项目类别	作物种类	
		旱地作物	蔬菜
1	pH	5.5～8.5	
2	水温（℃）	≤35	
3	悬浮物（mg/L）	≤100	≤60[a]，≤15[b]
4	五日生化需氧量（BOD_5）（mg/L）	≤100	≤40[a]，≤15[b]
5	化学需氧量（COD_{Cr}）（mg/L）	≤200	≤100[a]，≤60[b]
6	阴离子表面活性剂（mg/L）	≤8	≤5
7	氯化物（以 Cl^- 计）（mg/L）	≤350	

（续）

序号	项目类别	作物种类	
		旱地作物	蔬菜
8	硫化物（以 S^{2-} 计）（mg/L）	≤1	
9	全盐量（mg/L）	≤1 000（非盐碱土地区），≤2 000（盐碱土地区）	
10	总铅（mg/L）	≤0.2	
11	总镉（mg/L）	≤0.01	
12	铬（六价）（mg/L）	≤0.1	
13	总汞（mg/L）	≤0.001	
14	总砷（mg/L）	≤0.1	≤0.05
15	粪大肠菌群数（MPN/L）	≤40 000	≤20 000[a]，≤10 000[b]
16	蛔虫卵数（个/10L）	≤20	≤20[a]，≤10[b]

注：a 加工、烹调及去皮蔬菜。

b 生食类蔬菜、瓜类和草本水果。

表 2-2　农田灌溉水质选择控制项目限值

序号	项目类别	作物种类	
		旱地作物	蔬菜
1	氰化物（以 CN^- 计）（mg/L）	≤0.5	
2	氟化物（以 F^- 计）（mg/L）	≤2（一般地区），≤3（高氟区）	
3	石油类（mg/L）	≤10	≤1
4	挥发酚（mg/L）	≤1	
5	总铜（mg/L）	≤1	

（续）

序号	项目类别	作物种类	
		旱地作物	蔬菜
6	总锌（mg/L）	≤2	
7	总镍（mg/L）	≤0.2	
8	硒（mg/L）	≤0.02	
9	硼（mg/L）	≤1[a]，≤2[b]，≤3[c]	
10	苯（mg/L）	≤2.5	
11	甲苯（mg/L）	≤0.7	
12	二甲苯（mg/L）	≤0.5	
13	异丙苯（mg/L）	≤0.25	
14	苯胺（mg/L）	≤0.5	
15	三氯乙醛（mg/L）	≤0.5	
16	丙烯醛（mg/L）	≤0.5	
17	氯苯（mg/L）	≤0.3	
18	1,2-二氯苯（mg/L）	≤1.0	
19	1,4-二氯苯（mg/L）	≤0.4	
20	硝基苯（mg/L）	≤2.0	

注：a 对硼敏感作物，如黄瓜、豆类、马铃薯、笋瓜、韭菜、洋葱、柑橘等。

b 对硼耐受性较强的作物，如小麦、玉米、青椒、小白菜、葱等。

c 对硼耐受性强的作物，如水稻、萝卜、油菜、甘蓝等。

四、林下养殖的水质标准

畜禽用水水质的保障至关重要，水质按《无公害食

品 畜禽饮用水水质》（NY 5027—2008）的规定执行（表 2-3），当该标准有更新或替代标准时，以更新标准或替代标准为准。

表 2-3 畜禽饮用水水质安全指标

项目		标准值	
		畜	禽
感官性状及一般化学指标	色	≤30°	
	浑浊度	≤20°	
	臭和味	不得有异臭、异味	
	总硬度（以 $CaCO_3$ 计，mg/L）	≤1 500	
	pH	5.5～9.0	6.5～8.5
	溶解性总固体（mg/L）	≤4 000	≤2 000
	硫酸盐（以 SO_4^{2-} 计，mg/L）	≤500	≤250
细菌学指标	总大肠菌群（MPN，100mL）	成年畜 100，幼畜和禽 10	
毒理学指标	氟化物（mg/L）	≤2.0	≤2.0
	氰化物（mg/L）	≤0.20	≤0.05
	砷（mg/L）	≤0.20	≤0.20
	汞（mg/L）	≤0.01	≤0.001
	铅（mg/L）	≤0.10	≤0.10
	铬（mg/L）	≤0.10	≤0.05
	镉（mg/L）	≤0.05	≤0.01
	硝酸盐（mg/L）	≤10.0	≤3.0

五、地表水采样

规划林下经济项目时，需全面调查区域内地表水流经的路径，在确定林下经济项目选址后，及时将采集的地表水样送至专业机构检测，便于评价地表水的水质是否符合林下经济项目的标准。为了保证地表水采样点的合理性和代表性，应依据《地表水环境质量监测技术规范》（HJ 91.2—2022）的要求开展现场水样采集工作。采样要求详见表 2－4、表 2－5。当该标准有更新或替代标准时，以更新标准或替代标准为准。

表 2－4　江河、渠道采样垂线数的设置

水面宽度（b）	垂线数
$b \leqslant 50m$	一条（中泓线）
$50m < b \leqslant 100m$	二条（左、右岸有明显水流处）
$b > 100m$	三条（左、中、右）

注：垂线布设应避开污染带，监测污染带应另加垂线；确能证明断面水质均匀时，可仅在中泓线处设置垂线；凡在断面要计算污染物通量时，应按本表设置垂线。

表 2－5　江河、渠道采样垂线上采样点的设置

水深（h）	采样点数
$h \leqslant 5m$	上层[a]一点
$5m < h \leqslant 10m$	上层、下层[b]两点

（续）

水深（h）	采样点数
$h>10\text{m}$	上层、中层[c]、下层三点

注：a 水面下或冰下 0.5m 处。水深不到 0.5m 时，在 1/2 水深处。
b 河底以上 0.5m 处。
c 1/2 水深处。

第四节 林下种植、养殖供水方案

一、林下喷灌方式

林下经济作物的灌溉用水量，少于耕地上作物的灌溉用水量，受林地地形地貌的限制，以及为防止林地水土流失，原则上不允许开挖明沟灌溉，加上节约用水的要求，一般采用喷灌方式。一般情况下，灌溉水源地势低于林下经济作物种植区域的地势。常见的喷灌系统有以下两种。

（一）直接加压提水式管道灌溉系统

如图 2－1 所示，当灌溉水源地势低于林下经济作物种植区域地势时，可采用灌溉水源→拦污滤水网→提水泵站→管道计量控制井（逆止阀→压力表→控制阀→流量表→进排气阀）→管网工程（总干管→分干管→支管→毛细管）的工艺方案设置灌溉系统。拦污滤水网设置在灌溉水源的取水口处，阻止水源内的漂浮物进入吸水管。在水源与林下经济作物种植区域之间的合适位置设置提水泵站，提水泵站的吸程和扬程需要根据相关设计标准计算准确，选择型号合适的泵站设备。按灌溉区域设置分干管和支管，在支管上游靠近分干管的位置设置控制阀，起到控制分干管覆盖区域用水的作用。在支管上按灌溉范围设置毛细管，最终通过毛细管上的给水栓灌溉林下经济作物。

（二）高位水池提水式管道灌溉系统

如图 2-2 所示，当灌溉水源地势与林下经济作物种植区域地势相比较低，且两地高程差较大时，可采用灌溉水源→拦污滤水网→管首提水工程（提水泵站→逆止阀→闸阀→高位水池）→管道计量控制井（压力表→控制阀→流量表→进排气阀）→管网工程（总干管→分干管→支管→毛细管）的工艺方案设置灌溉系统。管首提水系统中的提水泵站设置在靠近灌溉水源的位置，提水泵站的吸程和扬程需要根据相关设计标准计算准确，选择型号合适的泵站设备。提水泵站的出水口总干管与高位水池之间需要安装逆止阀和闸阀，起到控制提水泵站启停时的水压和水锤冲击力的作用。总干管流向支管的水量控制，需要在支管靠近分干管的位置设置控制阀。支管上按需设置毛细管，最终通过在毛细管上设置灌溉用的给水栓灌溉林下经济作物。

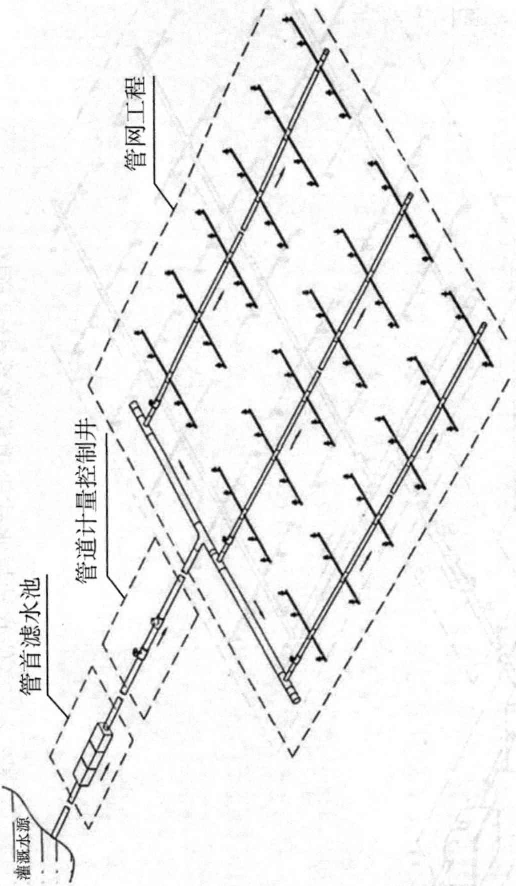

图2-1　直接加压提水式管道灌溉系统示意图

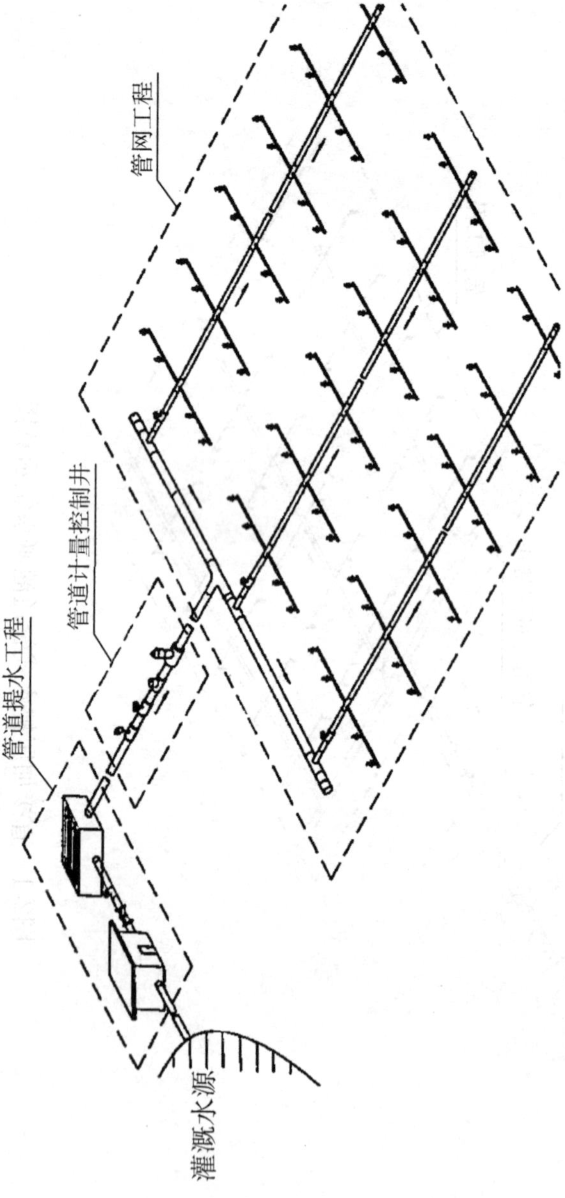

图2-2 高位水池提水式管道灌溉系统示意图

二、林下滴灌方式

在水资源紧缺地区多采用滴灌方式，不但灌溉水的利用率较高，而且还能实现均匀、缓慢地灌溉作物。该灌溉方式利用在灌溉管道末端直径约10mm的毛细管上安装的孔口或滴头，利用专门设备将水加压并以微小水量喷洒、滴入，将灌溉水均匀、缓慢地输送到作物根部。

（一）自压引水式滴灌系统

如图2-3所示，当灌溉水源通过自流方式对林下经济作物进行灌溉时，在邻近水源的陆地上设置管首滤水池，并在其下游布置管道计量控制井和管网工程。管首滤水池内部按照沉淀池→过滤池→调压池的工艺设计，管道计量控制井内按闸阀→施肥装置→压力表→离心过滤器→进排气阀→网式过滤器→压力表→闸阀→水表的工艺设计，管网工程按干管→闸阀→压力调节器→支管→灌溉单元内的滴灌管或滴灌带的工艺设计。干管与支管之间设置闸阀和压力调节器，主要控制支管的供水量和供水压力。需要对末端滴灌管或滴灌带的端头采取封堵措施，以保证滴灌管或滴灌带上的微孔能够均匀地向经济作物种植区域供水。

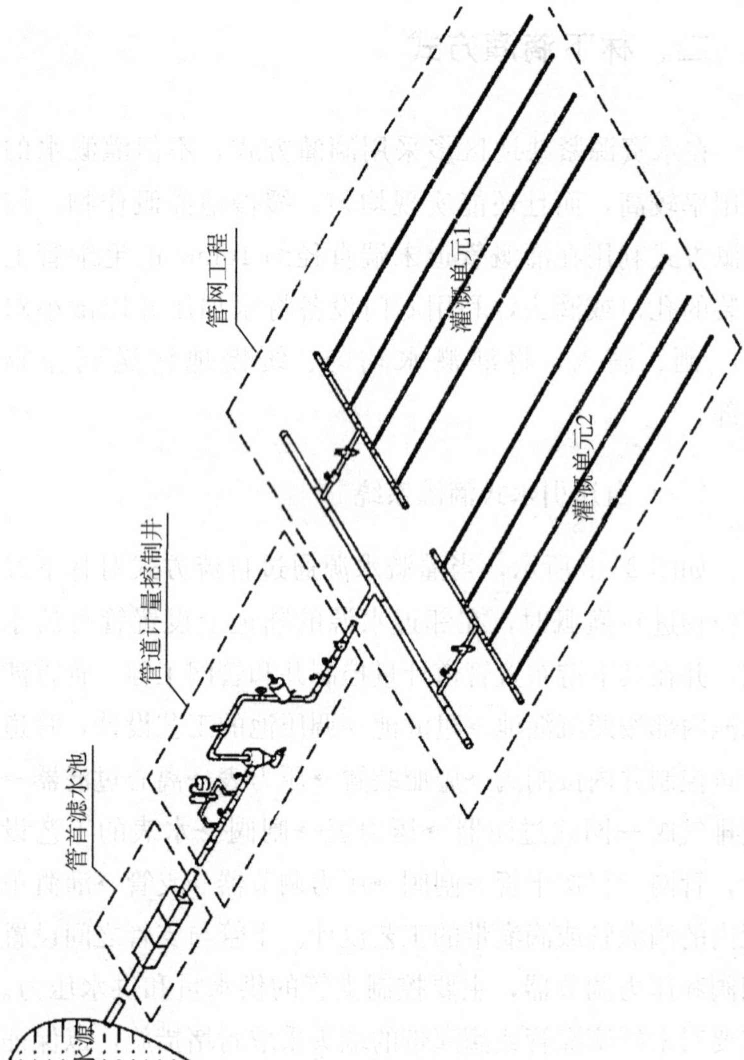

图2-3 自压引水式滴灌系统示意图

（二）直接加压式滴灌系统

如图 2-4 所示，当灌溉水源所处的地势低于林下经济作物种植区域地势时，在邻近水源的陆地上设置取水工程，并在其下游布置计量控制及施肥（药）装置和管网工程。取水工程一般只需要设置提水泵站，计量控制及施肥（药）装置按照逆止阀→闸阀→施肥装置→闸阀→压力表→离心过滤器→进排气阀→网式过滤器→压力表→闸阀→水表的工艺流程设置，管网工程按照干管→闸阀→压力调节器→支管→灌溉单元内的滴灌管或滴灌带的工艺流程设置。干管与支管之间设置闸阀和压力调节器，主要控制支管的供水量和供水压力。需要对末端滴灌管或滴灌带的端头采取封堵措施，以保证滴灌管或滴灌带上的微孔能够均匀地向经济作物种植区域供水。

三、自压引水式灌溉

如图 2-5 所示，当灌溉水源地势高于林下经济作物种植区域地势时，可通过灌溉水源自流对林下经济作物进行灌溉，可采用灌溉水源→管首滤水池（沉淀池→过滤池→调压池）→管道计量控制井（控制阀→水表）→管网工程（总干管→分干管→支管→毛细管）的工艺方案设置灌溉系统。需要在邻近灌溉水源的陆地上设置管首滤水池。灌溉管网系统中，按总干管、分干管、支管和毛细管

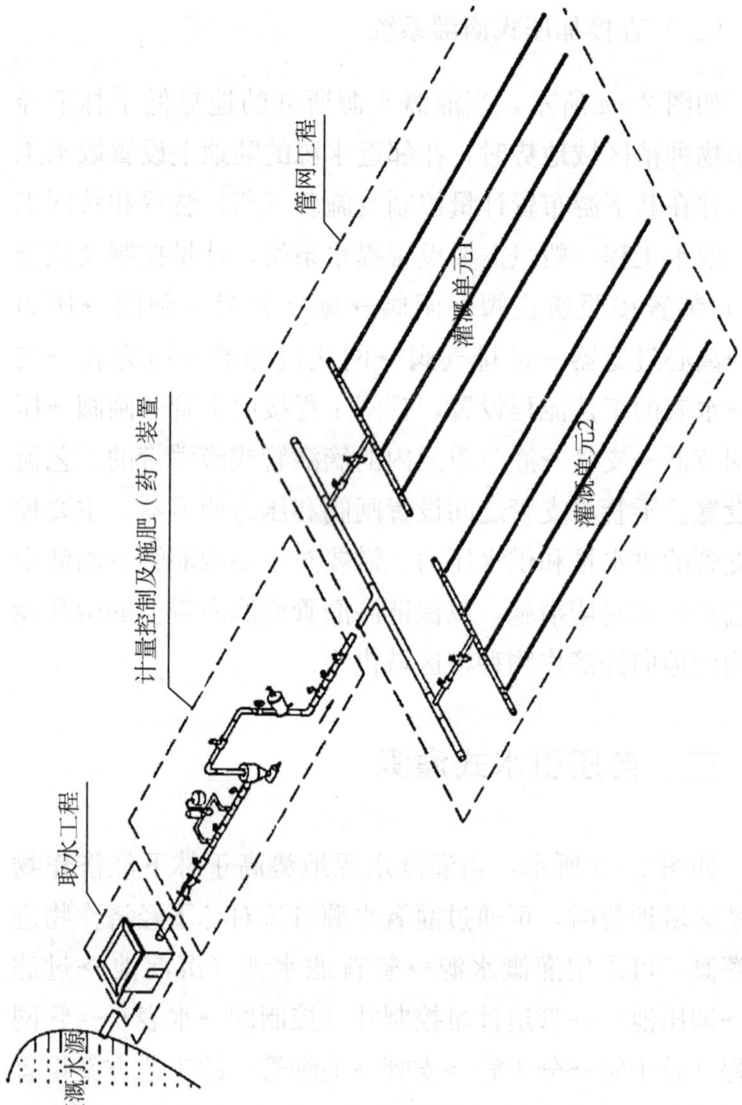

图2-4　直接加压式滴灌系统示意图

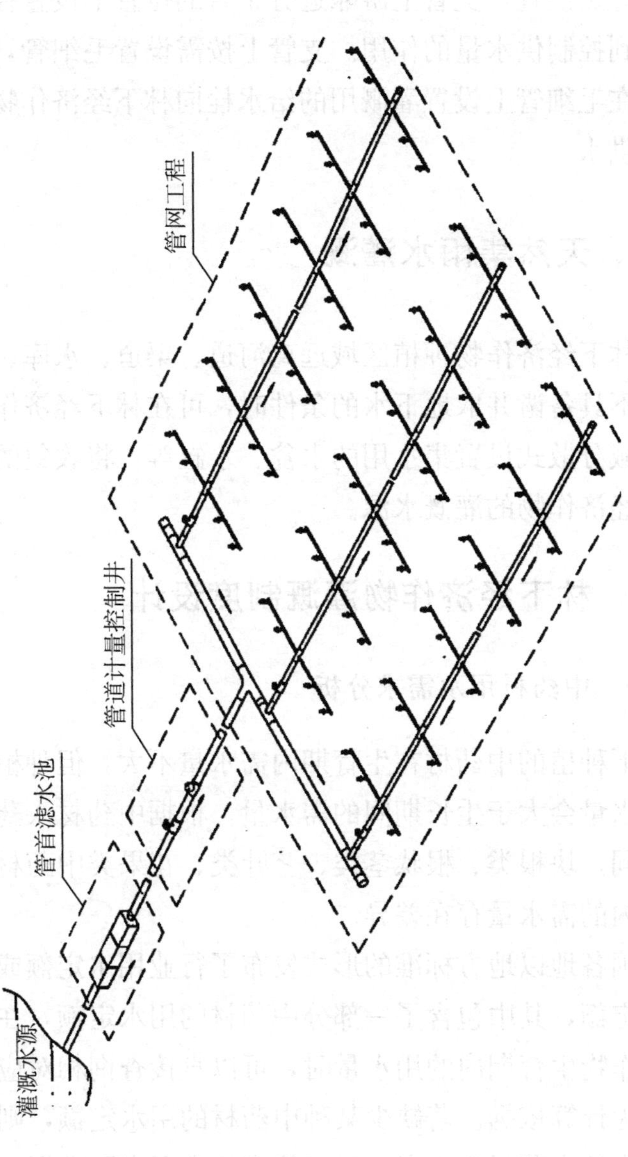

图2-5 自压引水式灌溉系统示意图

的流程分级设置，支管上游靠近分干管的位置上设置控制阀，起到控制供水量的作用。支管上按需设置毛细管，最终通过在毛细管上设置灌溉用的给水栓向林下经济作物种植区域供水。

四、天然集雨水灌溉

当林下经济作物种植区域远离河道、渠道、水库、山塘，或不具备凿井取地下水的条件时，可在林下经济作物种植区域分散式设置集水用的水瓮、水缸等，将收集的雨水作为经济作物的灌溉水源。

五、林下经济作物灌溉制度设计

（一）中药材用水需求分析

林下种植的中药材在生育期内需水量不大，但种植初期的需水量会大于生长期间的需水量。根据中药材入药部位的不同，块根类、根状茎类、茎叶类、花果类中药材在生育期内的需水量存在差异。

全国各地以地方标准的形式发布了行业用水定额或农业用水定额，其中包含了一部分中药材的用水定额，在计算经济作物生育期内的用水量时，可以直接查询相对应的定额作为计算依据。若缺少某种中药材的用水定额，则需要广泛走访中药材生产者，尽可能多地掌握实际数据，经统计分析后制定该类中药材在生育期内的用水量标准。

需要说明的是，同类型的林下中药材在不同林分条件下的用水需求存在差异。林地内土壤含水量、空气相对湿度均较大时，向林下中药材提供的水量会偏少；若林地内土壤含水量或空气相对湿度偏小，则向林下中药材提供的水量会偏多。

（二）非药材类经济作物用水需求分析

林粮、林菜、林油、林花草、林菌等模式下的非药材类经济作物，在整个生育期内需水量差异大。粮食、蔬菜的用水量相对较大，花生、大豆、油菜等油类作物的耐旱性较强，用水量没有粮食和蔬菜大，耐阴湿环境的花草、菌类作物，在林下湿度大的环境下，需水量相对较少。

水利部自2019年以来，已陆续发布数十项农作物的用水定额，各省份也发布了农作物用水定额的地方标准，在计算经济作物的用水量时，可以直接查询相应的定额作为计算依据。

（三）设计灌溉制度需开展的基础工作

原则上采用轮流灌溉的方式来满足林下经济作物的用水需求，可参考旱地农作物的灌溉要求来设计林下经济作物的灌溉制度。基于此，需要开展以下工作，作为设计灌溉制度的基本资料。

1. 掌握作物生育期的需水特点

（1）计算林下经济作物在生育期内的用水量。林下经济作物种类一旦确定，就可以计算出其在生育期内的用水总量。计算用水总量时，需要选择合理的用水定额，若计划采用节水灌溉工艺的，则可以取用水定额中的先进值，若不能完全实现节水灌溉，则选择用水定额中的通用值。

（2）根据作物在生育期内的需水特点来计算每个月的用水量。根据所选择的经济作物种类在种子萌发阶段、幼苗生长阶段、营养生长阶段、果实生长阶段等不同阶段的需水量，来确定其逐月用水量。若种植多种经济作物，还需要将每种经济作物在每个月的用水总量进行叠加，为下一步确定取水水源和灌溉分区做好数据支撑。

2. 确定灌溉水源　确定水源，并核算该类型水源的可用水量。保证可用水量能满足林下经济作物的灌溉需要，尤其是每个月的可用水量要能满足林下经济作物每个月的用水需要，用水保证率需要根据实际情况确定，用水保证率应至少达到75%，争取达到90%。

3. 合理划分灌溉分区　将面积较大的种植区域划分为若干个灌溉分区，单个灌溉分区的面积以适宜灌溉管理为宜，一般为50～100亩。

4. 明确灌溉工程类型及方式　一般选择适合林下经济地形地势的灌溉工程类型及方式，有针对性地选择自流引水或泵站提水或机井取水的方式，采用输水管道相结合供水。种植区域灌溉采用喷灌或滴灌的方式。

（四）设计灌溉方案

在完成上述工作的基础上，开展种植区域灌溉方案设计，将其作为规划、设计灌溉工程和灌区运行管理的基础资料。灌溉方案的主要内容包括灌溉分区以及每种经济作物或每个灌溉分区的灌水次数、灌水时间、灌水量，作为规划、设计和管理灌溉工程的依据。此外，需要在灌溉系统上分段设置分水设施，如水闸或阀门，实现独立控制灌溉范围和灌溉水量。

另外，当种植面积较大时，若有条件，可在灌溉方案中加入数字化管理手段，既能降低作业和管理人员的投入，又能提高灌溉工程的管理效率。

六、林下养殖用水制度设计

（一）林下养殖用水需求分析

林下畜禽、特种动物养殖用水量的确定，需要全面考虑养殖场内畜禽和特种动物日常饮用、场地冲洗、饲料拌和等的常规用水量，以及夏季给养殖场地降温的应急用水量。

畜牧业用水定额已在各地的地方标准中有明确的推荐值，但对于特种动物养殖尚无用水定额，需要走访同类养殖户，向其了解特种动物养殖期间的用水量和用水规律，将统计分析后的数据作为特种动物养殖的用水量确定依据。

（二）确定林下养殖用水制度需开展的基础工作

林下养殖用水量主要与养殖动物的种类、种群数量有关。一般通过管道引水的方式向养殖场地供水，先将水储存在养殖区域的储水设施内，再根据需要向养殖区分区供水。在设计用水制度前，需要开展以下工作。

1. 计算养殖动物在养殖期的需水特点

（1）计算养殖动物在养殖期的用水量。林下养殖动物在养殖期的用水量，可根据养殖动物的种类及最大种群数量选择相应的用水定额或经调查确定的用水标准，计算出其在养殖期的用水总量。

（2）根据养殖期的需水特点来计算每个月的用水量。根据养殖动物在不同养殖阶段需水量的差异，如鸡的育雏期、生长期、育成期、产蛋期和肥育期，牛的犊牛期、架子期和育肥期，确定不同阶段的需水量及各阶段需水量占养殖期用水总量的比例，为下一步确定取水水源做好数据支撑。

2. 确定饮用水水源　林下养殖所需的饮用水，是选择地表水、山塘水、水库水还是地下水，需要根据养殖区周边的水资源条件来确定。水源确定后，首先需要计算水源的可供应水量，其次分析水源每个月可提供的水量能否满足养殖期每个月的需水量。

3. 明确引水工程类型及引水方式　根据林下养殖区域与水源地之间地形地貌的差异，采用适合的方式供水，如自流引水、小型泵站提水或养殖区域打机井供水。通过输水管道将饮用水输送到养殖区域内的储水设施中。

（三）设计林下养殖用水方案

在完成上述基础工作后，可开展林下养殖区域用水方案设计，将其作为规划、设计和管理的基本资料。

林下养殖用水方案的主要内容包括从水源取水的次数、取水时间、单次取水量、储水设施的储水量等。当养殖场地较大时，可通过支管将储水设施内的养殖用水输送到各养殖分区。

第五节　林地土壤调查与质量评价

林地土壤在森林生态系统中具有不可替代的重要性，其不仅能贮存转化养分、涵养水源，还有助于森林生态系统健康发展。一方面，良好的土壤质量能保障林地各类植物的正常生长，有利于提高林下生物量和林下经济作物的经济效益；另一方面，合理种植林下经济作物能改善土壤环境和土壤质量。

一、林地土壤质地调查

（一）土壤质地分类

拟选林地的土壤质地是林下经济作物种植和生长的基

础条件，不同经济作物对土壤质地的适应性各异。因此，在选择作物种类前，需要了解拟选区域的土壤质地及其分布范围。土壤质地分类简述如下：

1. 沙土 沙土颗粒较大，抗旱能力弱，易漏水漏肥，适合大部分作物生长，最适合种植耐旱作物。

2. 壤土 壤土中的沙粒和黏粒比例适中，土壤肥沃，适合大部分作物生长。

3. 黏土 黏土中黏粒较多，土壤黏重，保水保肥能力强，但透气性差，适合种植根系较深的作物，不适宜根茎类作物生长。

（二）土壤质地测定方法

常采用手感法（通过观察和手指感觉来估测）、密度计法（使用特制的比重计，如鲍氏土壤比重计来测定）和简易测量法（包括干测法和湿测法，干测法是通过取米粒大小的干土粒，放在拇指与食指之间碾碎，根据指压时用力大小和摩擦时的声音来确定土壤质地；湿测法是通过观察土壤在湿润状态下的特性，如成团性、光滑度等，来判断土壤质地）来确定土壤质地。

（三）野外土壤质地判断方法

在野外判断土壤质地时，常采用估测法。取小块土壤，加水湿润后揉搓，搓成细条并弯成直径为2.5～3.0mm的土环后，根据土环性状来确定土壤质地（表2-6）。

表 2-6 野外土壤质地判断标准

质地分类	土环性状	呈现颜色
沙土	含较多沙粒，不能搓成条	黄色
沙壤土	只能搓成短条	黄褐色
轻壤土	含有较多的有机质和腐殖质，能搓成直径为3mm的条，但易断裂	深棕色
中壤土	有机质含量较高，能搓成完整的细条，弯曲时容易断裂	棕色或褐色
重壤土	粉沙和黏粒占多数，可塑性强，能搓成完整的细条，弯曲成环时容易断裂	棕色
黏土	含沙粒很少、有黏性的土壤，能搓成完整的细条，能弯曲成环	深褐色或黑色

二、林地土壤质量调查

（一）林地土壤样品采集

林地土壤是林下种植各类经济作物的重要载体，在初步确定林下种植区域后，需要依据《土壤环境监测技术规范》（HJ/T 166—2004）开展现场土壤样品的采集工作。

土壤养分主要集中在林地土壤的上层，作物根系主要在最上层土壤中吸取养分。林地土壤的耕作层厚度在20cm以上即可种植草本类作物。因此，为了充分掌握耕作层厚度及其所含养分，采样时需自上而下贯通耕作层土壤，采集耕作层土样时，同步开展土壤质地调查。

为了保证采集的土壤样品具有代表性，同时降低土壤样品检测费用，一般采用采集混合土样的方案。鉴于林地内的土层厚度不均匀且地势不平坦，建议采用蛇形法采集混合样。在种植地块内规划 10～15 个采样点，各采样点采集 1kg 土样，全部混匀后用四分法，分别取 2 份 1kg 土样装入样品袋中。其中，一份样品装入有内衬塑料袋的棉布袋内，用于测定土壤主要污染物指标；另一份样品装入无内衬塑料袋的棉布袋、玻璃瓶或塑料瓶内，用于测定土壤理化性状。现场土样采集点位示意详见图 2-6。

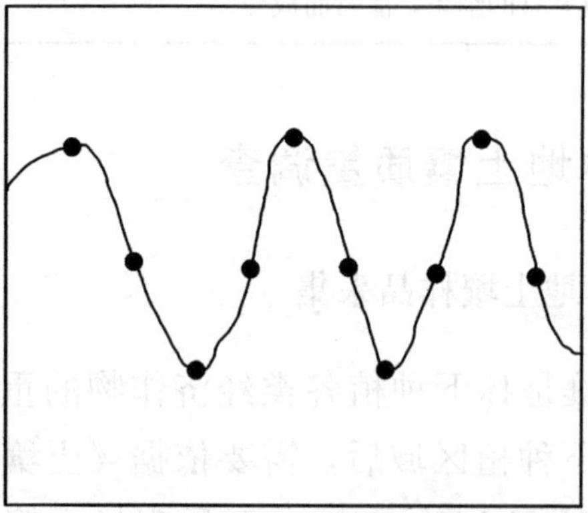

图 2-6　蛇形法采集土样点位示意图

（二）土壤主要污染物指标

在林地土壤现状调查的基础上，参照《土壤环境质

量 农用地土壤污染风险管控标准（试行）》（GB 15618—2018）中的相关规定，通过对采集的土壤样品进行试验分析，掌握与土壤环境质量评价相关的主要指标，作为评价土壤环境质量的依据。

1. 需要关注的主要污染物指标 土壤环境检测主要关注对土壤环境质量影响较大的铅（Pb）、镉（Cd）、汞（Hg）、砷（As）、铬（Cr）等污染物的指标。上述污染物的主要负面影响如下：

（1）铅（Pb）、镉（Cd）、汞（Hg）元素对植物生长和生态系统健康具有较大影响，其含量应低于国家规定的限值。

（2）砷（As）、铬（Cr）元素对土壤环境质量和生态系统健康有一定影响，其含量应不超过国家规定的限值。

2. 土壤受污染程度划分依据 土壤污染物风险筛选标准详见表2-7、表2-8、表2-9。

表2-7 农用地土壤污染风险筛选值（基本项目）

（参考GB 15618—2018）

单位：mg/kg

序号	污染物项目[a]	风险筛选值			
		pH≤5.5	5.5<pH≤6.5	6.5<pH≤7.5	pH>7.5
1	镉	0.3	0.3	0.3	0.6
2	汞	1.3	1.8	2.4	3.4
3	砷	40	40	30	25
4	铅	70	90	120	170

（续）

序号	污染物项目[a]	风险筛选值			
		pH≤5.5	5.5<pH≤6.5	6.5<pH≤7.5	pH>7.5
5	铬	150	150	200	250
6	铜	50	50	100	100
7	镍	60	70	100	190
8	锌	200	200	250	300

注：a 重金属和类金属砷均按元素总量计。

表 2-8　农用地土壤污染风险筛选值（其他项目）

（参考 GB 15618—2018）

单位：mg/kg

序号	污染物项目	风险筛选值
1	六六六总量[a]	0.10
2	滴滴涕总量[b]	0.10
3	苯并［*a*］芘	0.55

注：a 六六六总量为 α-六六六、β-六六六、γ-六六六、δ-六六六 4 种异构体的含量总和。

b 滴滴涕总量为 *p*, *p*'-滴滴伊、*p*, *p*'-滴滴滴、*o*, *p*'-滴滴涕、*p*, *p*'-滴滴涕 4 种衍生物的含量总和。

表 2-9　农用地土壤污染风险管制值

单位：mg/kg

序号	污染物项目	风险管制值			
		pH≤5.5	5.5<pH≤6.5	6.5<pH≤7.5	pH>7.5
1	镉	1.5	2.0	3.0	4.0

（续）

序号	污染物项目	风险管制值			
		pH≤5.5	5.5<pH≤6.5	6.5<pH≤7.5	pH>7.5
2	汞	2.0	2.5	4.0	6.0
3	砷	200	150	120	100
4	铅	400	500	700	1 000
5	铬	800	850	1 000	1 300

说明：

（1）当土壤中污染物含量小于或等于表2-7和表2-8规定的数值时，农用地土壤污染风险低，一般情况下可忽略；当土壤中污染物含量大于表2-7和表2-8规定的数值时，可能存在农用地土壤污染风险，应加强土壤环境监测和农产品协同监测。

（2）当土壤中镉、汞、砷、铅、铬的含量大于表2-7规定的数值、小于或等于表2-9规定的数值时，可能存在土壤污染风险，导致食用农产品不符合质量安全标准，原则上应采取农艺调控、替代种植等安全利用措施。

（3）当土壤中镉、汞、砷、铅、铬的含量大于表2-9规定的数值时，农用地土壤污染风险高，导致食用农产品不符合质量安全标准等，且难以通过安全利用措施降低风险，原则上应采取禁止种植食用农产品等严格管控措施。

3. 土壤环境质量分级与分类 按照土壤基本上不会

对植物及其生长环境造成危害和污染的原则，对林下土壤环境质量进行分级与分类，主要划分标准详见表2-10。

表2-10　土壤环境质量分级与分类标准

分级	定义	分类	使用条件	各类土壤环境质量执行标准的级别
一级	保护区域自然生态、维持自然背景的土壤质量的限制值	Ⅰ类	主要适用于国家规定的自然保护区（原有背景重金属含量高的除外）、集中式生活饮用水源地、茶园、牧场和其他保护地区的土壤，土壤质量基本上保持自然背景水平	Ⅰ类土壤环境质量执行一级标准
二级	为保障农业生产、维护人体健康的土壤限制值	Ⅱ类	主要适用于一般农田、蔬菜地、茶园、果园、牧场等的土壤，土壤基本上对植物和环境不造成危害和污染	Ⅱ类土壤环境质量执行二级标准
三级	为保障农林生产和植物正常生长的土壤临界值	Ⅲ类	主要适用于林地土壤、污染物容量较大的高背景值土壤和矿产附近的农田土壤（蔬菜地除外）	Ⅲ类土壤环境质量执行三级标准

（三）土壤理化性状指标

土壤理化性状与林下经济作物正常生长所需的土壤环境密切相关，土壤理化性状指标需要对采集的林下土壤样品进行实验分析后获取。

1. 土壤酸碱度 土壤酸碱度的评价指标为土壤 pH。土壤 pH 直接影响林下经济作物对土壤的适应性。适合大多数作物生长的土壤pH 为6.5～7.5，也有少量作物适合生长在酸性或碱性土壤中。土壤 pH 对植物生长的影响详见表 2－11。

表 2－11 土壤 pH 对植物生长的影响

土壤酸碱度类型	土壤 pH	不同 pH 对植物生长的影响
极强酸性	＜4.5	/
强酸性	4.5≤·＜5.5	/
弱酸性	5.5≤·＜6.5	钾、钙等元素容易被氢离子置换而随水流失，同时磷的有效性较低，因此酸性土壤适合种植对钙离子和碳酸氢根离子敏感的植物，如水藓、马尾松、杉木、茶、柑橘、杜鹃属及竹类等，这些植物不能耐受高浓度的钙离子
中性	6.5≤·＜7.5	中性土壤中磷的有效性较高，适合大多数农作物生长，如小麦、玉米、大豆等
弱碱性	7.5≤·＜8.5	微量元素（如锰、铜、锌等）的有效性较低，磷在 pH＞7.5 时容易与钙结合成难溶性磷酸钙。适合种植能够适应高代换性钙离子和镁离子环境的植物，如蜈蚣草、铁线蕨、南天竹、柏木等
强碱性	8.5≤·＜9.5	/
极强碱性	≥9.5	/

2. 土壤有机质含量 土壤有机质含量是直接反映土壤肥力和水分保持能力的重要指标，林下土壤中有机质含量适宜，有利于林下经济作物正常生长。一般可结合土壤类型和林地类型初步判定土壤有机质来源。林地土壤中的有机质主要来源于植被残落物、根系及有机残体，经土壤中的微生物作用后会形成一类特殊的、复杂的、性质比较稳定的高分子有机化合物。林下土壤的有机质含量通过对现场采集的土壤样品进行实验分析测定，将测定结果作为评估土壤养分等级的主要依据之一。

3. 氮、磷、钾含量 林下土壤中的氮、磷、钾元素是林下经济作物正常生长所需的主要营养元素，适宜的氮、磷、钾含量有利于林下经济作物的正常生长。通过对现场采集的土壤样品进行实验分析，测定氮、磷、钾的含量，将其作为评估土壤养分等级的主要依据之一。

4. 土壤含水量 适宜的土壤含水量有利于林下经济作物的正常生长。通过对现场采集的土样进行实验分析，可以获取土壤含水量数据。当土壤含水量高于林下经济作物所需的最高限值时，就需要通过林下整地等方式适当降低土壤含水量；当土壤含水量低于林下经济作物所需的最低限值时，则需采取灌溉等措施增加土壤含水量。

5. 林下土壤养分等级确定 林下土壤养分等级的确定以土壤有机质、全氮、全磷、全钾、碱解氮、有效磷和速效钾的含量为基础，参照全国第二次土壤普查的养分分级标准进行判定，详见表2-12至表2-15。

表2-12 林下土壤养分分级标准

指标	一级（极丰富）	二级（丰富）	三级（较丰富）	四级（适量）	五级（贫乏）	六级（极贫乏）
有机质（g/kg）	>40	30～40	20～30	10～20	6～10	<6
全氮（g/kg）	>2	1.5～2	1～1.5	0.75～1	0.5～0.75	<0.5
全磷（g/kg）	>1	0.8～1	0.6～0.8	0.4～0.6	0.2～0.4	<0.2
全钾（g/kg）	>25	20～25	15～20	10～15	5～10	<5
碱解氮（mg/kg）	>150	120～150	90～120	60～90	30～60	<30
有效磷（mg/kg）	>40	20～40	10～20	5～10	3～5	<3
速效钾（mg/kg）	>200	150～200	100～150	50～100	30～50	<30

注：依据全国第二次土壤普查的养分分级标准，对一级的界定为大于某值，如一级全氮的量值区间为>2g/kg，本研究中依照各土壤养分指标的实测值确定其上限，土壤有机质、全氮、全磷、全钾、碱解氮、有效磷和速效钾的上限分别为315g/kg、18g/kg、2.1g/kg、30g/kg、360mg/kg、345mg/kg和1 350mg/kg；对六级的界定为小于某值，如六级全氮的量值区间为<0.5g/kg，本研究中将各土壤养分指标的下限默认为0。

表 2-13　土壤中量元素养分分级标准

分级	有效钙（mg/kg）	有效镁（mg/kg）	有效磷（mg/kg）
一级	>1 000	>300	>30
二级	700～1 000	200～300	16～30
三级	500～700	100～200	<16
四级	300～500	50～100	/
五级	<300	<50	/

表 2-14　土壤微量元素养分分级标准

分级	有效铜（mg/kg）	有效锌（mg/kg）	有效铁（mg/kg）	有效锰（mg/kg）	有效钼（mg/kg）	有效硼（mg/kg）
一级	>1.8	>3.0	>20	>30	>0.3	>2.0
二级	1.01～1.8	1.01～3.0	10.1～20	15.1～30	0.21～0.3	1.01～2.0
三级	0.21～1.0	0.51～1.0	4.6～10	5.1～15	0.16～0.2	0.51～1.0
四级	0.11～0.2	0.31～0.5	2.6～4.5	1.1～5	0.11～0.15	0.21～0.5
五级	/	≤0.3	/	/	≤0.1	≤0.2

表 2-15　土壤其他物理/化学指标分级标准

分级	容重（g/cm^3）	分级	酸碱度（pH）	分级	阳离子交换能力（cmol/kg）
过松	<1.0	强酸	<4.5	强	>20
适宜	1.0～1.25	酸性	4.5～5.5	较强	15.4～20
偏紧	1.25～1.35	微酸	5.5～6.5	中等	10.5～15.4
紧实	1.35～1.45	中性	6.5～7.5	偏弱	6.2～10.5
过紧实	1.45～1.55	弱碱	7.5～8.5	弱	<6.2
坚实	>1.55	碱性	>8.5	/	/

三、林下经济作物需要的林下土壤保水耕作条件

（一）保水耕作条件的类型及实现方式

林下种植经济作物时，须确保林地具备保水保土的耕作条件。在坡地林地中，需要结合经济作物的种植需求，采取改变微地形、增加地表粗糙度和植被覆盖度等措施，提高地表径流的入渗率和入渗量，增强土壤的抗侵蚀和抗冲刷能力，从而实现保水保土和减轻土壤侵蚀的目标，同时提高林下经济作物的种植质量和产量。若自然条件不能满足上述要求，可通过以下方式来保证保水耕作条件：

（1）改变微地形。包括等高耕作、沟垄种植、掏钵（穴状）种植、挖抗旱丰产沟等。

（2）增加地面植被覆盖度。轮作、间作、套种、合理密植、休闲期种植绿肥等。

（3）改善土壤结构。通过深耕、深松、增施有机肥、留茬播种等措施，提高土壤入渗率，增强土壤抗侵蚀和抗冲刷性能。

（4）减少土壤水分蒸发。通过覆盖地膜、秸秆、树木枯落物等措施，减少土壤蒸发。

（二）实现保水耕作条件的基本要求

在确定林下经济作物所需的保水耕作条件时，应在不

会新增林下地表水土流失的前提下，因地制宜地设计保水耕作条件。具体措施如下：

（1）保土耕作措施。在实施保水保土耕作之前，应以地块所在区域的小流域为单元，全面规划坡面的整治措施。根据种植区域的地形、土壤质地、地表径流等条件，对坡度在25°以下的林地采取水平带状整地。对坡度在10°以下的林下可不进行整地，在能保证地表植被覆盖度的情况下，可直接实施保土耕作。

（2）设置必要的蓄排水工程。在保土耕作的同时，在林下坡地内部及其上部外侧设置坡面小型蓄、排水工程，防止外部水进入种植区域冲刷松散土壤，避免水土流失的发生。

（3）确定保土耕作措施的适用性条件。每种保土耕作措施都有其特定的适用条件，应根据种植区域的地形、地貌、土壤质地、地表径流和作物耕作需求合理确定。

（三）不同耕作条件下的林地水土保持要求

林地种植经济作物不可避免地会扰动林下地表，为减少林下地表清理、林下整地和经济作物种植造成的水土流失，需要注意以下几点：

（1）林下坡地整地需考虑工程防御标准。林下坡地的整地工程应以当地1～5年一遇暴雨的3～6h降水量为设计依据。根据各地不同的降水情况，选取短历时、高强度暴雨（易引发严重水土流失）的重现期作为计算和设计的依据。

（2）不同坡度条件下的林下整地要求。

①林下地表坡度5°～10°的地块种植灌木或小乔木时，采用水平犁沟整地。用机械或人工沿等高线翻土，筑成水平犁沟，可根据设计的行距确定犁沟间距。

②林下地表坡度15°～25°的地块种植灌木或草本类经济作物时，宜采用水平阶整地。水平阶面宽控制在1.0～1.5m，整地后形成3°～5°的反坡，上下两层阶地的水平距离以林木行距为标准。水平阶间的斜坡径流应能在阶面上全部或大部分入渗，以此确定阶面宽度或边埂高度。

③南方林地内坡度15°～25°的山边沟，可采取水平沟整地。水平沟为倒梯形断面，由半挖半填的原状土筑成，内侧挖出的生土用于外侧筑埂。

④林下地表坡度在25°以上的地块，采用穴状整地。第一种是鱼鳞坑整地，每坑平面呈半圆形，长径0.8～1.5m，短径0.5～0.8m，坑深0.3～0.5m。坑内取土在下方筑成弧状土埂，高0.2～0.3m（中部较高，两端较低）。坑沿等高线布设，上下两坑呈“品”字形错开排列。根据拟栽乔木、灌木的行距和株距确定坑距。坑的两端需开挖宽、深0.2～0.3m的倒“八”字形截水沟。第二种是大坑整地，适用于土层极薄的土石山区或丘陵区。在坡面开挖大型树坑，深0.8～1.0m，圆形直径为0.8m，方形边长0.8～1.0m。挖坑时需取出坑内的石砾或生土，并将附近表土填入坑内。

第三章　林下经济用地选址与森林调查、抚育

第一节　林地利用的分类

根据林地所处的自然生态环境和林地保护利用规划，将林地分为优先利用类林地、限制利用类林地和禁止利用类林地。在进行林下经济用地规划选址时，需要遵照政府相关主管部门发布的优先利用类、限制利用类和禁止利用类的规定。

一、优先利用类林地

林下经济用地选址时，应优先利用的林地为商品林，在维持商品林生态系统健康稳定、不破坏生态环境、不影响主要经济功能和生产功能的前提下，可根据项目需要适度规模化、集约化地开展林下经济经营活动。因此，在谋划林下经济项目时，需要按照以下原则开展工作。

（一）遵从原则性的管理要求

在优先利用的商品林内发展林下经济时，必须遵守森

林生态环境保护和林区水土保持的刚性管理要求，总体原则如下：

（1）发展林下经济不得造成林地内新的生态环境危害。在规划设计林下经济项目的基础设施时，需要同步制定科学合理的林地生态环境保护措施，防止加剧森林生态环境恶化和水土流失。

（2）若确需在国有林地范围内发展林下经济项目，其类型、规模等应符合国有林地的森林经营方案要求。

（二）林下地表清理的原则性要求

需根据林下经济种类和规模的需要，制定相应的林下地表清理方案，原则如下：

（1）禁止全面清理。可依据林地坡度、种植品种、种植模式等，选择不会导致坡面水土流失的清理方式，如带状清理或块状清理。

（2）非必要不砍伐正常生长的林木。正常生长的林木原则上应予保留，尽量通过清除濒死木、腐朽木、枯立木、弱势木来提供林下经济所需环境，并应于实施抚育措施前按林业和草原主管部门相关规定办理采伐手续。

（3）优势木的枝条修剪应适度。若需要通过修剪优势木的枝条来降低林分郁闭度或增加通透性，应符合《森林抚育规程》（GB/T 15781—2015）的规定，及林业和草原主管部门发布的地方规程及文件的规定。

（4）注意保护有价值的植物。在清理林地过程中，应事先了解林地清理范围内是否有需要保护的珍稀濒危植物、目标树和有培育利用价值的幼树、幼苗等，若有，则需要对其采取保护措施后方可清理林下地表。

（三）林下整地的原则性要求

林下地表清理完成后，需要按确定的林下经济类型及模式开展林下整地。林下整地对林下地表的局部扰动较为强烈，需要在规划设计阶段按以下原则确定林下整地方式的设计：

（1）不得破坏林地原有生态系统。不得破坏林下经济拟开发利用区域的森林植被生态系统。禁止采用全面整地的方式破坏已有地表植被和野生动物栖息地。

（2）做好水土保持措施设计。应依据水土流失治理相关标准、规范、规程，合理设计集保水、保土、保肥等于一体的整地方式，不能引发林地的水土流失。

（3）不得破坏现有的林木正常生长环境。不得破坏林下经济拟利用区域内的林分组成和优势林木的生长环境。不能毁坏需要保留的优势林木的根系和树干，生产经营活动不得影响其正常生长。

（4）林下整地方案应经济实用。原则上采用小扰动、小规格、低成本的整地方式，最大限度地减少因整地扰动林下地表而引起的破坏。

（5）整地方式应有针对性。根据林下经济拟利用区域的坡位、坡度和经济作物种类，确定适宜的整地方式。如确需进行林下整地，对坡度在25°以下的林地可采用带状整地、穴状整地；坡度在25°以上的林地，不宜采用带状整地，可沿等高线挖圆形或方形的种植坑穴整地。

（6）林下整地措施设计应符合相关技术要求。林下整地应按照国家林业和草原局及地方发布的造林技术规程，以及水利部和地方发布的水土流失综合治理技术规范中的要求进行设计。

二、限制利用类林地

（一）限制利用的林地类型

根据林业和草原主管部门的相关规定，与发展林下经济有关的限制利用类林地主要包括以下几类：

（1）位于自然保护地一般控制区内的林地。

（2）除国家一级公益林外的其他公益林。

（3）除划定为天然林重点保护区域外的其他天然林。

（4）饮用水水源准保护区范围内的林地。

（二）利用限制利用类林地发展林下经济的原则性要求

根据林业和草原主管部门的相关规定，若确需在限制利用类林地内发展林下经济，需按以下原则开展相关工作：

（1）禁止对林地进行全面清理，只能进行小块或穴状整地，且禁止施用化学肥料和化学农药。

（2）在除国家一级公益林外的其他公益林内，可在符合公益林生态区位保护要求、不破坏森林植被、不影响整体森林生态功能的前提下，经科学评估论证后适度发展林下经济。

（3）在除划定为天然林重点保护区域外的其他天然林地内，可在不破坏地表植被、不影响生物多样性的前提下，经科学评估论证后适度发展林下经济。

（4）在自然保护地一般控制区内发展林下经济，应严格遵守自然保护地管理的法律法规及政策。

（5）根据生态环境主管部门的相关规定，在饮用水水源准保护区内发展林下经济，应严格遵守饮用水水源保护区管理的法律法规，不造成新的水源环境污染，且禁止以非更新方式砍伐水源涵养林。

三、禁止利用类林地

根据林业和草原主管部门的相关规定，禁止利用下列林地开展林下种植、养殖活动：

（1）位于自然保护区核心区内的林地。

（2）属于国家一级公益林、林地保护等级为Ⅰ级的林地。

（3）位于天然林重点保护区域内的林地。

（4）位于饮用水水源地一级、二级保护区内的林地。

（5）位于珍稀濒危野生动植物重要栖息地（生境）以

及生物廊道内的林地。

（6）法律法规和国家、省其他有关规定禁止开展林下种植、养殖活动的林地。

四、选址时应注意核对的林地保护等级

根据森林保护的相关规定，林地保护等级划分为Ⅰ级、Ⅱ级、Ⅲ级、Ⅳ级 4 个等级。

1. Ⅰ级保护林地 Ⅰ级保护林地是重要生态功能区内予以特殊保护和严格控制生产活动的区域，以保护生物多样性、特有自然景观为主要目的。主要包括“五河”及其他重要河流源头汇水区，国家级、省级自然保护区的核心区和缓冲区，世界文化自然遗产地，国际、国家重要湿地和大型水库集水区，饮用水水源一级保护区，以及森林分布上限与高山植被上限之间的林地。

2. Ⅱ级保护林地 Ⅱ级保护林地是重要生态调节功能区内予以保护和限制经营利用的区域，以生态修复、生态治理、构建生态屏障为主要目的。主要包括除Ⅰ级保护林地外的国家级公益林地、军事禁区、国家级和省级自然保护区的实验区、其他自然保护区（点）、饮用水水源二级保护区、国家森林公园等范围内的重点生态公益林地。

3. Ⅲ级保护林地 Ⅲ级保护林地是维护区域生态平衡和保障主要林产品生产基地建设的重要区域。包括除Ⅰ、Ⅱ级保护林地以外的地方公益林地，以及国家和地方规划

建设的丰产优质用材林、木本粮油林、生物质能源林、林木良种和林业科技示范基地。

4. Ⅳ级保护林地 Ⅳ级保护林地是需予以保护并引导合理、适度利用的区域，包括未纳入上述Ⅰ、Ⅱ、Ⅲ级保护林地范围的各类林地。

第二节 林下养殖选址的基本原则

林下发展养殖产业时的养殖用地选址，在遵守国务院颁布的《畜禽规模养殖污染防治条例》（国务院令第643号）基本要求的同时，还应遵守所在省份的省级政府发布的《畜禽养殖污染防治办法》及所在市、区（县）关于畜禽养殖禁养区、限养区、适养区的相关规定。

一、禁养区的原则性规定

按照生态环境主管部门的有关规定，禁养区为禁止建设畜禽养殖场的区域。原则性规定如下：

（1）城镇饮用水水源保护区，农村集中（独立）式饮用水水源地取水口上游2 000m至下游200m沿溪河两侧500m以内的水陆区域。

（2）国家A级以上旅游景区、风景名胜区、自然保护小区、旅游度假区、森林公园、湿地公园、文物历史遗迹保护区的核心区和缓冲区。

(3) 城市建成区及周边500m范围，乡镇和集镇建成区及周边300m范围，学校、医院等敏感区域常年主导风向上风向1 000m及周边500m范围。

(4) 经济开发区规划控制区、乡镇工业功能区建成区及周边500m范围。

(5) 重要河流（包括市级河道及其一级支流）两岸200m范围，水环境功能区确定的Ⅰ类、Ⅱ类水质水体的上游（含支流）两侧500m范围。

(6) 湖泊周边200m范围内，以及流入湖泊的河流和排水渠两侧500m范围。

(7) 高速公路、国道、省道、铁路及城区通往AAA级以上风景名胜区公路两侧200m范围。

(8) 法律、法规、规章规定的其他禁养区及需特殊保护的其他区域。

二、限养区的原则性规定

按照生态环境主管部门的有关规定，限养区为严格控制畜禽养殖规模、实现污染物排放总量控制的区域，该区域禁止新建、扩建规模化畜禽养殖场。原则性规定如下：

(1) 各类风景名胜区、风景旅游区、自然保护小区、旅游度假区、森林公园、湿地公园、文物历史遗迹保护区的缓冲区周边500m范围。

(2) 城市规划控制区外延500m内禁养区外的范围，

乡镇和集镇规划控制区外延500m内禁养区外的范围，行政村人口居住集中区域及周边300m范围。

（3）乡镇工业功能区规划控制区内禁养区外的范围。

（4）主要河流（包括市级河道及其一级支流）两侧200m以外、500m以内的范围，以及其他河流、山塘、水库周边200m以内的范围。

（5）高速公路、国道、省道、铁路及城区通往AAA级以上风景名胜区公路两侧500m内除禁养区外的范围，以及城区环线外侧500m内范围。

（6）根据城镇发展规划和区域污染物排放总量控制需要，应当限制畜禽养殖的区域；环境现状已经无法满足环境功能区要求，应当限制养殖总量的区域；其他禁养区周边1 000m范围。

三、适养区的原则性规定

适养区为可以适度发展规模化、标准化、生态化畜禽养殖场的区域，通俗理解为除禁养区、限养区以外符合畜牧用地规划要求的区域。

四、林下养殖污染物限制要求

规划林下养殖经济的规模时，需要执行《畜禽养殖业污染物排放标准》（GB 18596）及所在省份的省级政府发布的畜禽养殖业污染物排放标准或规定，准确测算各类污染物的最大排放量，制定相应的污染物收集与处理措施。

第三节 林地调查与森林抚育要求

一、林地现状调查

林木密度和林分郁闭度直接影响林地内的光照度和森林空间受光照后的蓄积热量。林木密度越大或林分郁闭度越大时，森林空间及林下地表接受的光照就越少。林分郁闭度又与林木的年龄相关，林分郁闭度需要通过现场调查获得。

林地现状调查是开展森林抚育作业的基础工作，需要依据《森林资源规划设计调查技术规程》（GB/T 26424），完成对拟选林地的现状调查，主要调查林木年龄、林分郁闭度、林地密度。

（一）林木年龄调查

林木年龄与林分郁闭度密切相关，林分郁闭度影响林地光照。收集林地、草地、湿地的数据进行分析并现场复核后，根据各优势林木的林分情况来确定合适的林下经济类型和模式。如幼龄林木的胸径和冠幅较小，在其生长初期且在适宜的密度下，适合养殖禽类和种植喜光作物。树龄超过10年的中龄林木和成熟林木，胸径已达到一定的规格，其树冠也已具备一定的遮阳效果，可在合理密度下种植适度喜阴或耐阴的作物。树龄较大的过熟林木，可根据经营计划适度采伐后，在采伐迹地上重新栽种幼苗，森林空间相对开阔，可配置适合该条件的林下经济类型及模式。林木年龄划分标准详见表3-1。

表3-1 林木年龄划分

林木年龄	定义	备注（树龄划分）
幼龄林	Ⅰ龄级或Ⅱ龄级的林分，即林木完全郁闭前的时期	速生林5～10年一个龄级，如杉木的幼龄林为10年以内
中龄林	Ⅲ龄级至Ⅳ龄级的林分，即林冠郁闭后至林分成熟前的时期	杉木的中龄林为第11～20年
近熟林	Ⅳ龄级的林分，生长速度下降，接近成熟利用的森林	杉木的近熟林为第21～25年
成熟林	Ⅴ、Ⅵ龄级的林分，林木在生物学及工艺方面都已进入成熟	杉木的成熟林为第26～35年
过熟林	超过Ⅵ龄级的林分，自然稀疏已基本结束，林木生长停止	杉木的过熟林为36年以上

林木年龄与林木胸径成正相关，林木年龄越大，胸径就越大。林木年龄与林分密度成负相关，林木年龄越

大，林分密度越小。林木年龄差异引起林木胸径、林相密度、林分郁闭度等指标的差异，这些指标与林下经济的种类选择密切相关，需要在现场复核时重点关注主要树种的年龄和胸径。典型树种胸径与年龄的关系详见表 3-2。

表 3-2 典型树种胸径与年龄的关系（参考值）

树龄（年）	胸径（cm）		
	杉木	水杉	油松
10	5～10	5～10	5～10
20	10～20	10～15	10～20
30	20～30	15～20	20～30
40	30～40	20～25	30～45
50	40～50	25～30	45～60
60	50～60	30～35	60～80

（二）林分郁闭度调查

幼龄林和中龄林的郁闭度随着树龄的增长而逐年增加，郁闭度往往会达到 0.7 以上，当林分郁闭度达到 0.8 以上时，大部分林下植物的生长和动物的繁育会受到影响。因此，在林分郁闭度较大的林地内发展林下经济时，需要通过适当的森林抚育措施来调整林分郁闭度，以改善树冠下的光照条件，为林下经济的发展创造适宜的环境。

需要说明的是，在调整林分郁闭度时，需要遵循林业和草原主管部门发布的《森林抚育作业设计规定》和相关的标准、规程。幼龄林只能进行透光伐和少量的疏伐，且抚育后的林分郁闭度不得低于0.6；中龄林只能进行适当的疏伐和生长伐，且抚育后的林分郁闭度不得低于0.6；近熟林和成熟林的林分郁闭度一般尚能满足林下采光需求，可通过修去树干上的枯枝和少量活树枝来调整林分郁闭度。

（三）林木密度

一般情况下，林木密度随树龄的增加而降低，若林地的日常抚育措施未能及时实施，可能会导致优势林木生长状况不佳。当单位面积林木株数大于林木在不同生长阶段的合理保留株数时，就需要依据相关规定，通过森林抚育措施来降低林木密度。在确定林木合理密度时，需在掌握林木密度现状的基础上，依据各省林业和草原主管部门发布的相关技术规程和规定，确定不同类型林地内主要树种的合理保留株数，以及需要采伐的林木类型、数量及位置。

以浙江省为例，《森林抚育目标树选择和密度控制技术规程》（DB33/T 2143—2018）将浙江省的主要树种划分为6种林分类型，根据优势木的高度（h）及其在不同生长阶段的相关性，提出了合理保留株数的建议。主要树种林分不同发育阶段的合理保留株数详见表3-3。

表 3-3 主要树种不同发育阶段每公顷合理保留株数

单位：株

树种	森林建群阶段（h≤5m）	竞争生长阶段（5m<h≤10m）	质量选择阶段（10m<h≤16m）	近自然阶段（16m<h≤24m）	恒续林阶段（h>24m）
杉木、柳杉	1 667～3 000	1 200～2 250	900～1 500	675～1 200	300～675
湿地松、火炬松、马尾松、黄山松	1 111～2 500	900～1 800	750～1 200	600～900	300～675
栎、槠、栲、樟、楠木、椴树等硬阔叶树	1 667～4 500	1 050～3 000	900～1 800	600～900	225～450
楝、枫杨、檫木、桉、泡桐、木麻黄、相思树	833～1 667	675～1 350	600～1 125	450～900	225～675
桦、榆、木荷、枫香树等软阔叶树	1 111～2 500	975～1 500	675～1 200	450～900	225～450
柏木、铁杉、油杉	1 667～3 000	1 200～2 250	750～1 200	600～1 125	300～600

注：当本标准有更新或替代标准时，以更新标准或替代标准为准。

二、开展森林抚育设计的总体要求

无论发展何种模式的林下经济项目，均需要适宜的光照、热量、湿度、温度、通风条件等自然条件。若上述自然条件无法满足林下经济的要求，则需在不破坏森林生态环境且不影响林木正常生长的情况下，对不适合发展林下经济的林地采取抚育作业，使其达到使用条件。

完成林地现状调查后，应结合《森林抚育规程》（GB/T 15781）、《结构化森林经营技术规程》（LY/T 2810）、《森林采伐作业规程》（LY/T 1646）、《造林技术规程》（GB/T 15776）等相关国家、行业标准，以及各省份发布的地方标准和规程，开展林下经济项目所在林地的森林抚育作业设计。

第四节　用地选址和森林抚育设计所需的矢量化资料

一、相关矢量化资料的收集

发展林下经济所需的林业相关矢量化数据资料，需要从自然资源主管部门、林业和草原主管部门收集，以确保所收集资料的正确性和权威性。

（一）自然资源主管部门能提供的资料

通常可从自然资源和规划局获取 shp 数据，主要为第三次全国国土调查成果。收集该数据的主要目的是关注与林下经济相关的“三区三线”以及林地、草地、湿地划分成果。

通过第三次全国国土调查成果，可以提取公益林、商品林、草地和湿地的分布范围。但若需要进一步了解细分的国家级公益林、省级公益林、用材林、薪炭林、重要湿地、一般湿地等信息，就需要向林业和草原主管部门收集相关矢量化资料。

（二）林业和草原主管部门能提供的资料

林地、草地、湿地的矢量化资料是林业和草原主管部门的专用资料，该类资料对现场调查和选址论证具有重要支撑作用，可细分出林地性质（如公益林、商品林）、林分特征（如树种组成、林层、林相、疏密度、年龄、起源、地位级等）等详细内容。

二、矢量化资料转换

从自然资源主管部门以及林业和草原主管部门收集到的林地、草地、湿地 shp 数据的坐标系为地理坐标系，而规划设计所需的 dwg 文件需使用平面投影坐标系（一般采用大地 2 000 坐标系）。因此，在使用 ArcGIS 软件将 shp 数据转换成 dwg 格式时，需要注意二者之间的坐标系转换，确保转换后的数据为同一坐标系且不存在坐标偏移。

三、矢量化资料解译

（一）公益林和湿地的分布图应单独解译并分别成图

在解译林地、草地、湿地矢量化资料时，国家级和省级公益林、一般湿地和重要湿地需单独成图体现。产业项目选址时，务必考虑上述对象的制约性因素。

（二）拟利用林地所在区域的坡度解译

坡度与生产经营所需的自然条件密切相关。若在坡度较大的林地上整地，可能因破坏地表植被而导致水土流失。因此，有必要对收集到的矢量化数据按坡度要素进行解译，生成不同坡度等级的范围图。

大多数情况下，林下种植在坡度30°以下的林地上是可行的。坡度超过上限后，将不利于林地自然生态环境的保护与修复。但在实际操作中，可根据林下种植作物的生长习性，将坡地利用坡度提高到30°～35°。在掌握坡度分布的情况下，有利于采取针对性的林下整地方式和水土保持措施。林业调查中的坡度分级标准详见表3-4。

表3-4 林业调查中的坡度分级

分级	坡度	类别	备注
Ⅰ	≤5°	平坡	
Ⅱ	6°～15°	缓坡	
Ⅲ	16°～25°	斜坡	
Ⅳ	26°～35°	陡坡	陡坡以上的森林只准进行抚育采伐、卫生采伐和更新采伐，不准进行主伐
Ⅴ	36°～45°	急坡	
Ⅵ	≥46°	险坡	

以在常绿乔木上仿野生栽植石斛为例，浙江省地方

标准规定在坡度不大于30°的林地上均可，实际上可以适当放宽限制，因为等高线的坡度划分不可能精确到30°的位置。从尽量保证乔木实际利用率的角度考虑，适当圈定地表坡度略大于30°的乔木林等高线范围是可行的。

若需要在林下种植中药材，则必须考虑坡度的限制性因素。根茎类中药材宜种植在坡度25°以下的林地上，不宜在坡度大于25°的林地上种植。以收获地上茎、叶和果实为主的中药材，在坡度25°以上的林地上种植是可行的。

（三）利用林地所在区域的坡向划分

林地可根据坡向分为阴坡、半阴坡、半阳坡、阳坡，坡向和光照、温度、湿度密切相关，大多数作物和畜禽只适合在阳坡和半阳坡种养。

以在常绿乔木上仿野生栽植铁皮石斛为例，优先选择朝南的阳坡，然后是朝西南、东南的半阳坡。考虑到石斛生长还需一定的通风条件，坡向满足要求但处于山凹处的林地就不适宜。林地坡向分类详见表3-5和图3-1。

表3-5 林地坡向分类表

坡度	地理坡向	名称
0°	无	无坡向
0°±22.5°	北（N）	阴坡

（续）

坡度	地理坡向	名称
45°±22.5°	东北（NE）	半阴坡
315°±22.5°	西北（NW）	
90°±22.5°	东（E）	
270°±22.5°	西（W）	半阳坡
135°±22.5°	东南（SE）	
225°±22.5°	西南（SW）	
180°±22.5°	南（S）	阳坡

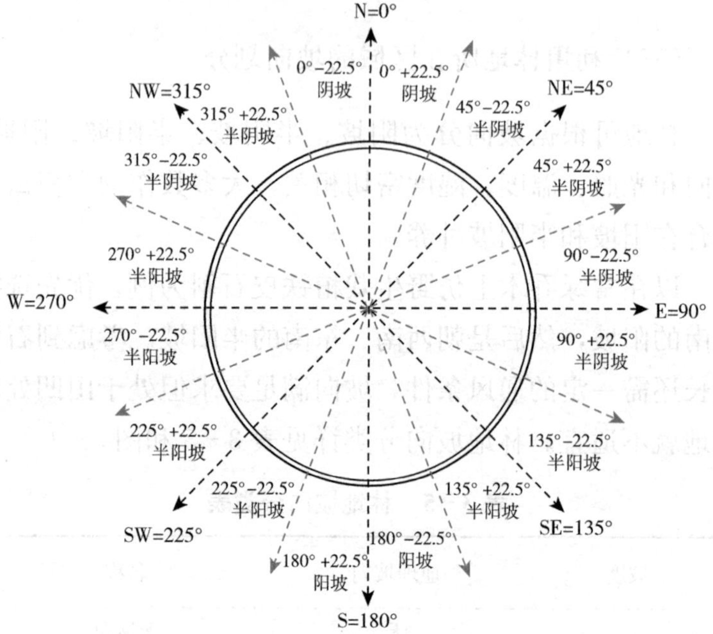

图 3－1　林地坡向分类示意图

第四章　林下经济模式及种类选择

第一节　积极发展的林下种植模式

目前，积极发展的林下经济模式主要包括林下种植各类经济作物，如蔬菜、食用菌、中药材、花草、油料作物、粮食作物、茶、果树及竹笋等。

一、林菜模式

林菜模式是指在林地株行间以间作或套作的形式种植蔬菜，实现林木长生长周期和蔬菜短生长周期的搭配。该模式通常将林间光照度与各种蔬菜的需光性相结合，或者根据林木与蔬菜在生长季节方面的差异，科学、合理地选择耐阴的蔬菜种类和品种。

由于蔬菜对光照、水分、土壤肥力等有一定的要求，在林地内种植蔬菜必须选择自然条件符合其生长条件的地块。在乔木林地内种植秋季蔬菜时，需在树叶尚未脱落时种植，可利用落叶为蔬菜保温、保湿，提供适生环境。这样既有利于提高蔬菜种子或幼苗的成活率，又能在蔬菜生长阶段起到遮风、挡霜、御寒等作用。

以蕨菜为例，蕨菜适合生长于海拔200～800m的阳坡及森林边缘阳光充足的地方，抗逆性强，适应性广，喜欢湿润、凉爽的气候条件；适宜在植被覆盖率高的中性或微酸性土壤环境中生长，在耕作层厚、有机质含量丰富、土质疏松、排水性好的土壤中生长最佳。蕨菜既能耐高温又能耐低温，在温度达到32℃时仍可生长，在温度低至－35℃以下时根茎仍能安全越冬。当地温达到12℃、气温达到15℃时，蕨菜的嫩茎和叶片会进入快速生长期。

二、林药模式

林药模式以森林资源和森林生态环境为依托，充分利用林木自身条件、林下土地资源和空间，种植与之相适应的中药材。该模式主要是在林下空地或郁闭度未达林龄预期标准的乔木林中，种植喜阴或耐阴湿的中药材。

该模式的优势在于，既可利用森林生态环境为药用植物提供适宜其生长的条件，减少夏季烈日高温对其可能造成的伤害，又可在林下实现适度集约化种植。有些中药材会起到改良林下土壤理化性质和促进林木生长的积极作用。

三、林菌模式

林菌模式是指在速生林内栽培食用菌，如在毛竹林下和人工针叶林下栽培黑木耳、平菇、鸡腿菇、香菇、草菇、竹荪、灵芝等。在速生林下发展该模式，一方面可提高林下闲置土地的利用率；另一方面食用菌喜林地内荫蔽、通风、凉爽的环境，速生林地可为其提供适宜的自然条件。此外，食用菌采摘后的废料经适当加工，可作为树木生长的有机肥料。

该模式下，宜选择林分郁闭度在 0.7 以上的人工林地。这样的林地遮阳效果好、空气湿度大、氧气充足、光照度低、昼夜温差小，有利于食用菌生长。同时，还可利用林地内废弃的树枝等，加工后作为食用菌培养基的营养物质来源。

（一）毛竹林下栽培食用菌

毛竹林内生态环境一般较好，是优良的食用菌生长场所。若能有效利用毛竹林地，不仅可以改良毛竹林的生态环境质量，还能获得额外的收益。

竹荪（又名竹参菌）是腐生真菌，是最适宜在毛竹林内栽培的食用菌。毛竹林内的野生竹荪多生长于枯竹蔸上或枯竹鞭上，其菌索可蔓延至毛竹林地表，长出竹荪子实体。野生竹荪品质佳，但数量有限。可利用毛竹林环境，将人工培育的竹荪菌种在毛竹蔸边栽培，或在竹间挖穴、开沟栽培，栽培基材可用枯竹枝、枯竹叶或竹加工制品的下脚料，以及稻草、玉米芯、甘蔗渣等。竹荪最适宜在9—10月栽培，翌年4—6月可出竹荪。

在林分郁闭度较大的毛竹林内，还可栽培平菇、香菇、金针菇、猴头菇、灵芝等食用菌，多采用袋栽。栽培前应清除毛竹林内的杂草，不需挖地平整，适当平整毛竹林下的坡地即可，平整度以能摆放料袋为宜。毛竹林下坡地适当平整后，将培养好的食用菌栽培袋放置于林下空地上即可，栽培方式因菌种不同而异。

需要注意的是，一块场地不能连续栽培食用菌3年以上，如果连续栽培食用菌，栽培场地极易成为菌源、病源和虫源的寄宿地。此外，在食用菌栽培期间不可避免地会喷洒农药、杀虫剂，会影响毛竹林内的生态环境。因此，只有采取换地栽培的方式，才能实现该模式的可持续发展。

（二）人工针叶林下栽培食用菌

考虑到食用菌的生长习性，优先选择林分郁闭度较高的人工针叶林进行栽培，栽培前需要清除杂草并适当平整林下地表。松树林或杉木林下适合栽培平菇、灵芝等食用菌，平整完林下地表后，将培养好的菌袋放置于林下空地上即可。

除了采用代料栽培外，还可在针叶林下采用覆土方式栽培食用菌。栽培地应选择背阴且靠近水源或水源供给有保障的地方。以平菇为例，可在针叶林内土层较厚的空地上挖畦栽培，畦挖好后，将培养好的栽培袋脱袋并摆放在畦内，摆放好后在其表面覆盖3～5cm厚的耕植土，耕植土表面用枯松针或杉木叶以薄层覆盖，出菇前搭矮塑料拱棚保湿，出菇后注意掀膜透气和水分管理。8月中下旬进行栽培袋脱袋和覆土，9月初便可出菇，出菇时间一般可持续到翌年6月。该模式的特点是食用菌生产周期长于大棚内栽培，食用菌品质和栽培料生物转化率也较高。

挖畦栽培食用菌在一个生产周期结束后，菌糠还可作为有机氮肥就地施用，有助于改善林地土壤肥力。应注意合理安排场地轮作计划，以便对林地土壤有计划地施肥，保证轮作后再种的林下经济作物能健康生长。

四、林花草模式

林花草模式是指在林地内种植经济效益好的花草，一般选择林分郁闭度在0.7以下的林地。在不同适生环境的林地内，有选择地种植不同种类的耐阴花草、优质牧草和园林绿化用草，花草在增加林地经济效益的同时，还能发挥其自身具备的生态效益，有利于丰富林地的生物多样性。

（一）林花模式

花卉种类繁多，通常根据其生态习性分为草本花卉和木本花卉。在林地内种植花卉时，需要根据林分条件来选择适宜的花卉种类。稀疏林地内株行距较大，可培育喜光的观赏花卉。林分密度大的林地，日温差变化和空气湿度较外界相对稳定，既有利于宿根草本花卉的安全越冬，又有利于常绿型草本花卉在冬季的正常生长。

（二）林草模式

林草模式是指在乔木林内以林草混交模式或林草间作模式种植草本植物，实现乔木长生长周期和草本植物短生长周期相融合。该模式类型丰富，在林分郁闭度 0.8 以下的林地内均可种植，可根据林地的林分情况选择适宜的草本植物，如苜蓿、黑麦草、白车轴草、饲料桑等可作为畜牧饲草。

五、林油模式

林油模式是指在乔木林内种植花生、大豆、油菜等浅根类油料作物。该类油料作物能够通过根瘤菌固氮，既不会与林木争水争肥，又可覆盖林下地表，起到防治水土流失的作用，还可提高林下土壤肥力和改良林下土壤。但是当树冠太大造成林分郁闭度过大时，则不宜在林地内种植该类作物，或采取相应的森林抚育措施营造出适宜该类作物生长的条件后方可种植。

六、林粮模式

林粮模式是指在林分郁闭度不高的乔木林内，种植不会与林木争水争肥的粮食作物，常见的有绿豆、豌豆、甘薯、魔芋、马铃薯等。在林分郁闭度不高的林地地表种植该类农作物，农作物覆盖林下地表后有利于预防林地裸露地表的水土流失，有的作物还能通过根瘤菌固氮作用提高林地土壤肥力。

需要说明的是，该模式适合应用在幼龄乔木林的幼苗生长初期，以苗木栽植后3～5年为佳，林木在该时间段较矮且对地表遮光少，有利于根据林分特性匹配适宜的作物种植模式。

七、林茶模式

林茶模式主要依托林地空间和林地边缘的生态隔离作用，在乔木林下种植适当密度的矮茎类茶树。乔木林可为茶树提供遮阳、防风、减小极端灾害天气影响等有利条件，有利于保证茶叶的品质。在该模式下，除了可获取茶叶种植的经济效益外，林下裸露地表种植茶树还可以防止林地水土流失，改善茶园微气候条件，有助于增加林地内的生物多样性。此外，茶树开花期间还能吸引以采食花蜜为生的昆虫，有利于减轻乔木林的病虫害。

八、林果模式

林果模式主要依托林地内可利用的宽敞空间及其良好的自然生态环境，在林地内或林地边缘栽植适宜的果树，通过合理的种植密度和适宜的抚育措施，可提高林地内的空间利用率和经济效益。常见的果树种类有覆盆子、蓝莓、树莓、杨梅、桑葚等。

九、林苗模式

该模式主要利用造林前几年林分郁闭度低和树冠遮阳少的特点，充分利用林地空间，在林间培育苗木。适合采用该模式的林地，林木株、行距均应在3m以上，育苗高度不得超过林地乔木高度，可培育一些耐阴性较强、生长较慢的小乔木和灌木，如冬青、小叶女贞、月季、紫穗槐等。

十、林笋模式

林笋模式主要指毛竹林内自然生长的竹笋采集。竹笋采集分为两个阶段，一个是冬笋采集阶段，另一个是春笋采集阶段。

（一）采集冬笋

最适宜采集冬笋的时间段，一般开始于10月，结束于翌年2月，其中12月是冬笋出产的高峰期。冬笋从立秋节气开始发育，经过一段时间的生长，一般在10月下旬的霜降节气前后开始采集，可持续到翌年2月上旬的立春节气前后，具体时间因各地温度、降水等情况的不同而有所差异，立冬节气前后采集的冬笋口感最佳。为了保证毛竹林的可持续发展，采集冬笋期间需要注意以下事项：

（1）不得影响毛竹林的正常生产经营。不宜在林缘竹边、林中空地边缘竹边和疏林地边采集冬笋，否则会影响毛竹林的正常繁育。

（2）通过观察毛竹叶的颜色找冬笋。若发现毛竹叶呈暗绿色且叶片浓密，尤其是略带黄色时，表明该棵毛竹附近可能会有冬笋；若竹叶稀疏，则表明该棵毛竹附近的冬笋较少。

（3）通过查看地表找冬笋。冬笋往往只略微撑破泥土，或只露出一点笋尖，或藏在泥土下，因此需要观察地表有裂缝的地方。发现地表微裂缝后，可沿地表裂缝方向观察土壤稍微隆起、松动或开裂的地方，用脚轻踩若有松软的感觉，大部分情况下都会有冬笋。

（4）对于冬至前长出的竹笋，应挖尽挖。冬至前的冬笋只有少数能转化为春笋，若不挖除则会腐烂。翻挖土块时尽量不损伤地下的竹鞭和冬笋嫩芽，以保证毛竹下一年能正常生长。

（5）冬至后长出的冬笋，原则上应保留。冬至以后才开始生长的竹笋，大多能转化为春笋，是翌年春笋和新竹的主要来源，应予以保留。

（二）采集春笋

春笋的最佳采集时间段为每年的3月中下旬至清明节前后，具体时间可能会因不同地区的温度差异而有所不同。在上述时间段内采集的春笋口感较为鲜嫩，且不会有明显的麻味。为了不影响毛竹林的正常繁育，采集春笋时需注意以下事项：

（1）通过地表找春笋。挖春笋前应注意察看林下地表，当发现地表松软并微微隆起时，则地表下极有可能存在春笋。

（2）春笋略冒出地表就及时挖出。春笋冒出地表后长得快，长高后的春笋虽还能食用，但口感会变差。因此，采集春笋时应尽量选择小径笋、弱笋、浅鞭笋、歪头笋、小笋、退笋，长势良好、根系发达、笔直的春笋原则上应保留作为竹苗。

（3）采集春笋时不能伤到笋身和竹鞭。若在采集春笋时伤到笋身，就会造成春笋的水分流失，会影响春笋的口感，且不能伤到竹鞭以及与竹鞭相连的成年竹子，以免影响成年毛竹的正常生长。

(4) 及时回填采集春笋形成的坑洼。春笋挖出后，为了不影响地下竹鞭的正常生长和竹笋的再生，一定要将表土回填到采集春笋形成的坑洼中。

第二节　适度发展的林下养殖模式

利用林地空间适度发展林下养殖，主要利用林地内的乔、灌木实现养殖区与外界的自然生态隔离，有利于控制养殖区的环境。需要注意的是，林下养殖只能采用生态化的养殖模式，合理选择适合动物生长的林地，控制养殖规模，需要保证养殖排放的污染物不得污染和破坏森林及周边自然环境。常见的林下养殖模式有林禽、林畜、林下特种禽类养殖、林下特种经济动物养殖等模式。

一、林禽模式

林禽模式充分利用林下杂草、小昆虫多，以及鸡、鸭、鹅等喜欢觅食营养物质的特点，通过放养家禽来获得高品质的蛋、肉，从而获取经济收益。家禽的粪便经适当处理后还能做有机肥，实现林与禽的优势互补。

(一) 林禽模式的主要优势

林下适度规模放养家禽，在管理得当的条件下，可实现家禽养殖与林地环境的互补。主要优势：一是林下温度、湿度条件相对较好，有利于维持禽类生长所需的温度和湿度；二是森林将外界环境与放养场地隔离，既可节约投资成本，又有利于家禽养殖期间防疫工作的开展；三是森林可为家禽提供天然饲草、昆虫等丰富的资源，可节约饲料，养殖出来的家禽肉中的营养物质较多，蛋类的品质也相对较好；四是禽类的粪便还可用作林地土壤改良的肥料，经适当加工后可作为促进林木生长的有机肥。

（二）以林下放养鸡为典型代表的林禽模式

林下放养鸡的模式应用较为普遍。在林下放养鸡，鸡通过啄食对林木生长有害的昆虫和地表一部分杂草，既有利于林地的虫害预防，又有助于控制地表杂草的长势。在发展林下放养鸡项目时，需要在规划设计阶段做好养殖场地选址、养殖场地布局规划、养殖场地维护与天敌伤害防控等方面的工作。

1. 林下放养鸡的养殖场地选址 应选择坡面向阳、空气清新、相对僻静的林地缓坡，以保证能给家禽提供光照充足、活动空间适宜的觅食环境。

放养鸡的养殖场地应尽量靠近取水水源，或养殖用水能通过管道输水方式保证，周边的道路、电力等基础设施相对便利，林区内的管理用房，可优先改造为仓储或生活服务场所。

2. 林下放养鸡的场地规划 放养鸡的密度一般按20～40只/亩控制，野外活动范围一般按每只10～13m²规划。鸡舍（棚）面积按每平方米5～10只成年鸡设置，长宽比以（4～5）∶1为宜，单座鸡舍（棚）一般长30m左右，如每20亩养殖区可配450m²鸡舍（棚），鸡舍（棚）间距宜在80m以上。

同时，需要对养殖区进行分区规划，将其划分为多个养殖分区，每个养殖分区的面积以15～25亩为宜，放养鸡时可以15～20d为一个周期轮换养殖分区，有利于养殖场地按分区实现轮休和自然修复。

3. 林下放养鸡的场地围栏 林下放养鸡的野外天敌主要包括黄鼠狼、狐狸、蛇、大型鼠类、大型猛禽等，需要在养殖场地周边增加围栏。可采用水泥桩或木桩加铁丝网的工程围栏，也可采用带刺灌木组成的带状绿篱，养殖场地中的每个养殖分区还需要用隔网分离。

4. 天敌防控 鸡群中养殖少量的鹅，可以起到保护鸡群安全的作用，一旦有蛇、黄鼠狼等天敌靠近，鹅就会发出警告的鸣叫，还会用其强有力的喙进行防御。这种模式的主要好处简述如下：

（1）鹅在夜间的视力较好，警觉性也高，晚上若有黄鼠狼等袭扰，鹅就会大声鸣叫并去攻击，且因其叫声的独特性，还可以对鸡的天敌老鹰起到一定的威慑作用，预防老鹰捕食鸡。

（2）鹅是老鼠和蛇的天敌，其能驱赶老鼠、蛇等对鸡有危害的小型捕猎者，守护鸡群的安全。

另外，鸡与鹅的养殖比例没有限制，为了照看放养鸡群而养鹅时，一般按鹅与鸡的比例不低于1∶100的标准配养，养鹅比例稍高不影响放养鸡的效果。如有条件，还可在养殖场安装安防监控及预警设备，通过可视化的手段来驱赶鸡的天敌。

二、林畜模式

常见的林畜模式主要是在中龄林及更成熟林分的林下空地种植牧草，在林地内适度放养猪、山羊、牛、兔等家畜。

（一）林下养猪模式

林下养猪场地一般选择地形相对整齐且视野开阔、地势较高且平坦或有缓坡、空气干燥、背风向阳、对外交通相对便利的区域。考虑到养猪场的防疫需要以及养殖场对周围环境的污染风险，养殖场地应距离居民集聚区500m以上，且应在居民集聚区的下风向。养殖所需的水源、水质、供水量需符合养殖需要，还要考虑喂养取用和卫生防护取水的便利性。放养猪的地块坡度以不超过20°为宜，同时注意选择稍微通风的林地，且森林植被不会对猪产生毒害，不得在有苦楝树的林地内放养猪，因为其果实、树皮和根皮中含有的毒素会伤害猪的健康。

还需要强调一个不容忽视的因素，为了进一步降低疫病传播和环境污染的风险，养殖场地与屠宰场、畜禽加工厂、畜禽交易市场、垃圾处理场、风景旅游区等的距离应在1 000m以上，也应避开邻近的其他养殖场地，避免疾病的交叉感染。

（二）林下养山羊模式

山羊对自然环境的适应能力强，在南北方均可养殖。在选择山羊放养场地时，首先需要选择地势相对较高、开阔且具备良好通风、排水条件的地方；其次要尽可能靠近优质牧草和溪流，以保证山羊取食的充足、便利和无害，同时还可降低饲草收割和运输成本；最后，为了保证山羊的健康，养殖场需要远离化工厂、农药厂及养殖聚集地，且最好相距2km以上。

（三）林下养牛模式

林下养牛的好处，一是可减少隔离绿化带的建造费用，二是能减少动物排放的废气、粪便对环境的污染，三是产出的牛肉和牛奶产品会更加绿色健康。林下养牛主要利用林地在夏季有树冠遮阳的条件。夏季林地内气温较林地外低3℃以上，森林植被可吸收牛释放的二氧化碳，同时给牛的生长提供良好的空气环境。

选择林下养牛场地时，以地势相对较高、坡度较缓、向阳、可避风的地带为宜，取水需方便，供水量充足且水质清洁。在规划林下养牛场地布局时，还需要划分生活区、管理区、生产区和隔离治疗区。

（四）林下养兔模式

林下养兔场地要求地势平缓、稍高，干燥且背风向阳，并要避开会产生空气涡流的山坳和谷地，场地不得狭长或有太多边角，可利用林带、山岭、河川等作为场界。养兔场地的对外交通应相对便利，且应与居民区和工矿企业至少保持1km距离，并应处在居民区的下风向和居民饮用水水源的下游，以防污染环境。在规划养兔场地布局时，还应合理划分生活区、生产区和隔离区。

三、林下特种禽类养殖模式

林地开阔的空间和繁茂的植被可为特种禽类提供适宜的觅食和栖息环境。适合在林地内放养的特种禽类主要有野鸡、野鸭、大雁、鸽子、火鸡、鸵鸟、孔雀等。林地内有适合特种禽类觅食的树叶、灌草丛、昆虫，以及蜗牛、蚯蚓等动物。夏天的林荫环境可为特种禽类提供良好的遮阳避暑条件，冬天树林可为其适当阻挡风寒。在林地内养殖特种禽类时，需要根据其生长习性，有针对性地选择适宜的林地空间，养殖区域需要设置围栏和不同功能的养殖分区，并在背风、向阳、平缓的坡面搭建养殖舍（棚）。

四、林下特种经济动物养殖模式

（一）林地养殖蚯蚓

1. 蚯蚓的价值 蚯蚓的药用价值较高，在清热解毒、活血通经、抗炎抗感染、抗衰老、增强免疫系统功能、降血压、滋补营养等方面的临床表现佳。蚯蚓还有助于改良土壤和改善农林业生态环境，如疏松土壤、增加土壤肥力、改善土壤理化性状、促进土壤中的植株残体分解成有机物、富集土壤中的有机物、降低土壤中的污染物浓度等。因此，在林地养殖蚯蚓一举多得，可以同时获得经济效益和生态效益。

2. 林地养殖蚯蚓的主要方法 常见的林地养殖蚯蚓方法有土法养殖和工厂化养殖。土法养殖是利用缸、盆、箱、筐、土坑等直接散养，工厂化养殖主要是在棚内、树木中养殖。

3. 蚯蚓良种选择 蚯蚓养殖一般多选用赤子爱胜蚓作为种蚓。该蚓种的特点是繁殖率高、定居性好、耐高密度养殖、耐热、抗寒，适宜四季生产，蚓体、蚓粪等产量也较高。

4. 饵料的调制及投喂 蚯蚓是杂食性动物，饲料来源广泛，造纸厂、酿酒厂、糖果食品厂、木材厂、蘑菇厂的废渣，无污染的污泥，西瓜皮、香蕉皮、苹果皮等果皮，腐烂的菜叶、树叶以及生活垃圾，还有畜禽粪便和动物残体等，均可作为蚯蚓养殖的饲料。饲喂蚯蚓的饵料必须经过发酵处理，务必使饵料中含有的有机质充分腐化和分解，变成蚯蚓的适口性饲料。

5. 饵料投喂方法 向蚯蚓投喂饵料的方法主要有分层法、上投法、下投法、侧投法，多采用侧投法。侧投法是把饵料投放在靠近旧料的侧面，引诱成龄蚯蚓主动采食新饵料并在新饵料中栖息。此法既有利于成龄蚯蚓、幼龄蚯蚓、蚯蚓茧的主动分离，有助于蚯蚓孵化群与养殖群的分离，又能做到蚯蚓的分群养殖，还可避免出现蚯蚓三代同巢饲养的近亲繁殖弊端。

6. 蚯蚓养殖期管理 在蚯蚓养殖场地内投放种蚓时，将种蚓产出的幼龄蚯蚓作为繁殖蚓，繁殖蚓孵出的蚯蚓作为生产蚓，生产蚓作为大规模繁殖的对象。养殖蚯蚓除了必需的饲料外，还应注意饲料含水量、pH 以及养殖空间的通风性、温度、避光性等因素。蚯蚓在生长期所需的饲料含水量一般需达到 70%左右，适宜其生长的温度一般为 12～30℃。在夏、冬季不适的温度条件下，需要有针对性地对蚯蚓养殖床采取降温或保温措施，如高温时对蚯蚓养殖床早晚喷水降温，也可在蚯蚓养殖床上覆盖如西瓜皮一类的水果皮，既能给蚯蚓养殖床降温，又能给蚯蚓增加营养和水分。冬季为了保证蚯蚓养殖床的温度，可将蚯蚓养殖床加厚至 40cm 左右，饲料堆先用杂草、枯枝、落叶等覆盖，后在其最上面覆盖塑料薄膜或稻草以达到保温的效果。

另外，饲喂蚯蚓的饲料 pH 应保持或接近中性，pH 过大时可用磷酸二氢铵进行调整，pH 过小时可用石灰水或清水冲洗调整。为防止敌害入土摄食蚯蚓或危害蚯蚓，在投喂饲料前应对饲料喷药杀灭敌害。

7. 蚯蚓及蚯蚓粪便的分离 蚯蚓粪便多呈黑褐色、颗粒状，pH 为中性，无毒、无味，粪便中的氮、磷、钾含量较高，可作为优质的有机肥来源。

8. 蚯蚓的采收 采收蚯蚓的最佳方法是人工光照采集。先将含有蚯蚓的物料散铺在水泥地面或者塑料布上，然后利用蚯蚓怕光的特点，用阳光或强灯光将混有蚯蚓的物料逐层扒开，待蚯蚓成团后便可采收活体蚯蚓。

9. 蚯蚓粪便的清理与收集 当蚯蚓养殖床表面的蚯蚓粪便厚度达到 2cm 以上时，应及时清理和收集。清理蚯蚓粪便前，先去掉蚯蚓养殖床上部的遮盖物，让阳光直接照射蚯蚓养殖床，蚯蚓在光照下会向下移动，此时再用刮板将蚯蚓粪便刮出并过筛，将其晾到含水量 40%以下时即可利用或售卖。

（二）林下养殖林蛙

林蛙适宜在林下植被丰富的针阔叶混交林中生活，因其不耐强光且怕干燥，所以白天喜欢在隐蔽的林下藏身，夜晚则出来捕食昆虫纲、蛛形纲、唇足纲等动物。适合养殖林蛙的林地应满足以下 4 个基本条件：

（1）林地立地条件要好。适宜林蛙生长的场地多为以阔叶林为主的植被覆盖度高的林地，乔木林下要有一定的灌木和草本植物，林分郁闭度在0.6以上，地表要有适量的枯枝落叶层和腐殖质土层，土壤和空气均湿润。

（2）林蛙养殖范围内的河水应四季长流，周边不得存在会对水质造成污染的污染源。

（3）为满足林蛙日常觅食需要，养殖范围内要有种类和数量丰富的昆虫。

（4）林蛙养殖场地最好以小流域为单元划定养殖范围，地形以山脊、沟塘为宜。

（三）林下养殖蚱蝉

蚱蝉喜欢选择根系发达、枝叶茂盛且汁液较多的树种（如杨树、榆树、柳树、泡桐）或果园作为繁殖场所。在选择养殖蚱蝉的林地时，应选择向阳且土壤松软、湿润、肥沃、无污染的地块，避免土壤含水量过高或出现积水的情况。同时，需要保证蚱蝉寄主植物的根系生长发育正常，以枝繁叶茂的幼龄林或中龄林为佳。

（四）林下养殖蜜蜂

林下养殖蜜蜂多利用林地内种类繁多的野花以及会开花的乔、灌木，人工种植的显花类农作物以及花卉也能给蜜蜂提供蜜源。为了保证在林地内人工养殖的蜜蜂在一年大部分时间能有充足的蜜源，除了自然生长的蜜源植物外，还需要在林地内人工种植适量的流蜜期长的蜜源植物。在林地内选择养蜂场地时，需要考虑生物、气候、水源、地理位置、大气环境、农事活动、交通状况等因素，尽量避免有毒蜜源植物多的地方。常见的蜜源植物如表 4-1 所示。

表 4-1 常见的蜜源植物

植物分类	主要植物名录
主要蜜源植物	刺槐、柑橘、枣、乌桕、柿、荔枝、龙眼、荆条、光叶苕子、紫云英、紫椴、桉、沙枣、枇杷、苜蓿、柠檬桉、向日葵、山乌桕、玉兰、石楠杜鹃、泡桐、络石、刺槐、女贞、火炬树、胡枝子、冬桂花、梨、欧李、白车轴草、羊乳、荞麦、党参、野拔子、杏、杧果、芭蕉、茴香、藿香
辅助蜜源植物	五味子、西瓜、黄瓜、蒲公英、益母草、苹果、忍冬、萱草、草莓、玉米、马尾松、油松、杉木、钻天柳、胡桃、鹅耳枥、白桦、鹅掌楸、柚、楝、枸杞、栗、中华猕猴桃、李、樱桃、梅、山桃、锦鸡儿、沙棘、合欢、栾、榆、盐麸木
有毒蜜源植物	雷公藤、藜芦、紫金藤、苦皮藤、钩吻、博落回

（五）林下养殖梅花鹿

林下放养梅花鹿时，养殖场地的选择需要遵守以下原则：

（1）环境安静，地势高，排水良好。梅花鹿生性胆小，容易受到惊吓，因此，需远离人群、公路、铁路、工厂等嘈杂环境，以降低人为惊吓和疾病传播的风险，同时考虑到日常清理和维护，养殖场地还需地势较高且排水良好。

（2）水源和水质要有保证。确保有水量充足且水质良好的水源，不得让梅花鹿饮用被污染的水。

（3）具备一定的运输条件。养殖场地应交通方便，以降低运输成本和难度。

（4）具备适宜的林荫环境。为保证给梅花鹿提供足够的活动空间和适宜的遮阳环境，优先选择缓坡林地边缘或稀疏林地，最好选择地势较高且水草充足的林地，既可利用林地为梅花鹿遮阳，又能降低夏季高温对梅花鹿的不利影响。

（5）与公路主干线保持一定距离。梅花鹿养殖场地应距离公路主干线300m以上，以减少交通噪声和空气污染对梅花鹿的不利影响。

第三节　适度开发的森林景观利用模式

常见的森林景观利用模式有森林人家、林家乐、森林康养等。

一、森林人家

森林人家主要依托具有优质生态环境的森林，通过合理利用森林内的自然资源和具有乡村特色的社会资源，将森林生态资源和森林特色体验相融合，为游客提供具有地域特色的、宜游的场景体验。

二、林家乐

林家乐主要利用森林周边的空闲资源，如民宅、公共建筑等，通过适当改造其外立面、内部装饰及其所在区域的配套设施，使其与森林生态资源相协调，营造出具有地方文化特色的、宜居的民宿。

三、森林康养

森林康养主要以森林生态环境为背景，以生态林农产品、生态文化等资源为依托，配备相应的休闲、养生、疗愈等服务功能，开展以养心、养神、调理人体机能等为主要功能的森林游憩、康养、度假、健身等活动。

第五章　林下经济作物种类选择与种植方案

第一节　林下经济作物种类选择建议

一、从重要农业文化遗产资源名录中选择

重要农业文化遗产资源是农村与其所处的自然环境在长期协同进化和动态适应下，形成的独特土地利用系统和农业景观。传承和利用好重要农业文化遗产资源，可以起到如下积极作用。

（一）有利于传承农耕文明，拓展农业功能

重要农业文化遗产蕴含着对农业资源的保护与循环利用，体现出生物间相生相克、人与自然和谐相处的朴素生态观和价值观，其包含的生产技艺和管理知识在现代农业发展中依然具有重要的应用价值。

（二）有利于发展特色经济，建设美丽乡村

重要农业文化遗产不仅可作为当地居民重要的生计来源，其在区域特色化的生态保护方面还发挥着重要作用。

（三）有助于改善民生，实现收入倍增

可适度利用重要农业文化遗产发展具有地域特色的乡村文化旅游，助推当地社会经济发展，增加当地居民的经济收入。

以浙江省为例，浙江省农业农村厅于 2024 年 1 月 16 日公布了浙江省重要农业文化遗产资源库名录，共计 205 个，具体可查阅《浙江省农业农村厅关于公布浙江省重要农业文化遗产资源库名录的通知》。浙江省农业农村厅先后于 2023 年 6 月 16 日发布《浙江省农业农村厅关于公布浙江省首批名优“土特产”百品榜名单的通知》，2023 年 10 月 13 日发布《浙江省农业农村厅关于公布浙江省第二批名优“土特产”百品榜名单的通知》，2024 年 4 月 18 日发布《浙江省农业农村厅关于公布浙江省第三批名优“土特产”百品榜名单的通知》。以上 3 个文件共公布 300 个种类。

二、高品质营建以当地特色为主导的经果林

每个地方都有其特色的山水林田资源，孕育着具有本地特色的水果种类。需从体现特色、发挥优势、保证品质的方面考虑，营建适宜当地特色的优质经果林，建议按先做好、再做强、后做大的思路去发展特色经济产业。

三、优选药食同源的中药材

以浙江省为例，浙江省中医药管理局等6个部门于2023年1月19日公布了浙江省第一批道地药材目录，涉及44个品种，该目录将每个品种的道地产区详细列出，在具体针对某个区（县）谋划林下中药材种植产业时，可参考该目录推荐品种，选择适合当地的道地药材品种。

四、农业农村部公布的农产品地理标志登记产品

在选择林下经济作物种类时，可参考农业农村部公布的农产品地理标志登记公示。农业农村部自2020年以来，先后于2020年4月30日发布第290号公告，对312个产品实施农产品地理标志登记保护；2020年12月25日发布第378号公告，对178个产品实施农产品地理标志登记保护；2021年6月4日发布第431号公告，对186个产品实施农产品地理标志登记保护；2022年2月25日发布第532号公告，对56个产品实施农产品地理标志登记保护。具体情况可查阅上述公告了解。

五、农业农村部农产品质量安全中心公布的名特优新产品名录

农业农村部农产品质量安全中心自2023年以来，先

后发布了一些全国名特优新农产品名录和特质农品名录。截至目前已公布的名录情况如下：

2023 年 5 月 8 日，以公告（第 23 号）公布《2023 年第一批全国名特优新农产品名录》，涉及 194 个名特优新农产品；2023 年 5 月 8 日，以公告（第 24 号）公布《2023 年第一批特质农品名录》，涉及 21 个特质农品。

2023 年 8 月 29 日，以公告（第 26 号）公布《2023 年第二批全国名特优新农产品名录》，涉及 550 个名特优新农产品；2023 年 8 月 29 日，以公告（第 27 号）公布《2023 年第二批特质农品名录》，涉及 95 个特质农品。

2023 年 12 月 19 日，以公告（第 28 号）公布《2023 年第三批全国名特优新农产品名录》，涉及 607 个名特优新农产品；2023 年 12 月 19 日，以公告（第 29 号）公布《2023 年第三批特质农品名录》，涉及 71 个特质农品。

2024 年 4 月 22 日，以公告（第 30 号）公布《2024 年第一批全国名特优新农产品名录》，涉及 408 个名特优新农产品；2024 年 4 月 22 日，以公告（第 31 号）公布《2024 年第一批特质农品名录》，涉及 49 个特质农品。

2024 年 8 月 19 日以公告（第 32 号）公布《2024 年第二批全国名特优新农产品名录》，涉及 737 个名特优新农产品；2024 年 8 月 19 日以公告（第 33 号）公布《2024 年第二批特质农品名录》，涉及 98 个特质农品。

在做林下经济产业规划时，建议提前查阅上述公告，了解全国各地的名特优新农产品和特质农品，可根据实际情况参考选用。

六、省级名优“土特产”名录

以浙江省为例，为推动乡土特色产业集聚发展，为农民农村共同富裕先行提供重要支撑，自2023年以来，已先后公布了一系列名优“土特产”名录，截至目前名录情况如下：

2023年6月16日，浙江省农业农村厅发布《浙江省农业农村厅关于公布浙江省首批名优“土特产”百品榜名单的通知》，认定“西湖龙井”等100个产品为浙江省首批名优“土特产”。

2023年10月10日，浙江省农业农村厅发布《浙江省农业农村厅关于公布浙江省第二批名优“土特产”百品榜名单的通知》，认定“萧山白对虾”等100个产品为浙江省第二批名优“土特产”。

2024年4月18日，浙江省农业农村厅发布《浙江省农业农村厅关于公布浙江省第三批名优“土特产”百品榜名单的通知》，认定“九曲红梅”等100个产品为浙江省第三批名优“土特产”。

2024年8月16日，浙江省农业农村厅、浙江省财政厅、浙江省市场监督管理局等部门，从着力做好“土特产”文章，按照“保护资源、培育优势、做精特色、全链发展、优质供给、品牌营销”的思路出发，联合印发《浙江土特产·地方猪产业高质量发展行动方案》（浙农专发〔2024〕33号），提出聚焦做足“土”字、做亮“特”字、做强“产”字，强龙头、延链条、兴业态、树品牌，打造地方猪优势产业带和“浙江土猪·地方猪”系列品牌，把地方资源优势转化为产品优势、产业优势，推动地方猪产业全链条升级，增强市场竞争力，提升产业高质量发展能级。

在做种植和养殖产业规划时，建议提前查阅上述文件，了解浙江省内各地的土特产名录，可根据产业发展需要参考选用。

七、杭州市关于林下经济的指导意见

2024年9月23日，中共杭州市委农村工作领导小组办公室、杭州市农业农村局（杭州市乡村振兴局）、杭州市林业水利局、杭州市农业科学研究院等部门，为深入贯彻落实“大食物观”、有效拓展农业产业发展空间、促进山区生态共富和农民增收致富，科学利用山林资源发展乡村特色产业，根据《关于科学利用林地资源促进木本粮油和林下经济高质量发展的实施意见》（浙发改农经〔2022〕107号）的精神，结合杭州实际，联合印发《关于科学利用山林资源推动乡村特色产业高质量发展的实施意见》（杭委农办发〔2024〕4号），明确重点围绕木本粮油、林（园）地复合种植和生态养殖“三大领域”，规模化发展“茶笋药桑菌、油核榧蜂禽”十大特色产业，加快山林经济向标准化、产业化、市场化发展，着力构建区域优势明显、产业特色突出、利益联结紧密、市场竞争力强的山林经济发展新格局。

2024年10月29日，中共杭州市委农村工作领导小组办公室根据《关于科学利用山林资源推动乡村特色产业高质量发展的实施意见》的精神，为规范高效生态山林经济基地项目实施，印发《杭州市高效生态山林经济基地项目实施方案》（杭委农办发〔2024〕5号），提出围绕木本粮油、林（园）地复合种植和生态养殖的发展重点。

八、品种种类建议

尽量在省级林业和草原主管部门、农业农村主管部门推荐的主导品种中选择，具体可根据实际需要选用。

第二节　林下中药材品种的选择

在选择林下种植的中药材品种时，为了达到林地自然环境下的适地适生及林下经济收入有保障的目的，需要从生态环境因素、市场因素和生长周期等方面综合考虑，综合分析后选择合适的中药材品种。

一、优先根据林地生态环境因素筛选

（一）先对林地光照条件进行分类

一是作物的耐阴程度。林地空间与空旷的耕地相比，受太阳光照射的时间较短，且光照度较弱。因此，先依据拟发展林下经济的林地的微地形，划分出林地的阳坡、半阴半阳坡、阴坡，再根据每类坡有针对性地选择喜阴、耐阴、较耐阴的适合当地生长的中药材品种。

二是作物与林地内的光照适应性。每种作物在生长阶段均有对光照度的最低需求，若光照度不够就无法正常生长。因此，可以采用森林抚育措施降低林分郁闭度，以增加林下的光照度。

（二）筛选能适应林下土壤环境的品种

一是林下土壤质地。不同品种的中药材对土壤质地有不同的适应性。以块根或树根为主的中药材，一般适生的土壤为沙壤土或壤土，不适宜在黏土中种植。以枝叶、花、果为主的中药材，既能在沙壤土和壤土中生长，又能在轻质黏土中生长，但需以黏土种植区域的排水条件良好为前提。为了保持林地自然生态环境的稳定性和林木的正常生长，林下土壤原则上不建议采取质地改良措施。

二是林下土壤 pH。大部分中药材均适合在 pH 为 6.5～7.5 的中性土壤环境中生长。pH 小于 6.5 的酸性土壤只能种植耐酸性的中药材品种。需要注意 pH 为 5.5～6.5 的弱酸性、pH 为 4.5～5.5 的中酸性和 pH 小于 4.5 的强酸性土壤适生的中药材品种，土壤酸性越强，适生的中药材品种越少。对于 pH 在 7.5 以上的碱性土壤，适合种植的中药材品种较少，尤其是 pH 大于 8.5 的强碱性土壤，适合种植的中药材品种就更少。

三是林下土壤肥力。中药材生长均需要一定的土壤肥力来支撑。林下腐殖质层厚的土壤适合大多数中药材的生长需要。不是所有的中药材都能耐贫瘠或可在肥力稍低的土壤中生长。因此，需根据土壤肥力状况，选择适合不同土壤肥力的中药材品种。

（三）通过中药材喜湿程度选择林下种植区域

有些中药材需要在空气相对湿度高于 70％的条件下才能正常生长，如真菌类药材；有些中药材只能在空气相对湿度低于 40％的条件下才能正常生长，如茯苓；大部分的中药材在空气相对湿度为 40％～70％的条件下能正常生长。但也不能机械地根据林下空气相对湿度选择中药材品种，如喜湿的中药材可在空气相对湿度适中的林下空间种植，林下空气相对湿度可通过人工手段来调节。

（四）常见的适合林下种植的药用植物种类

1. 浙贝母　浙贝母为百合科贝母属多年生草本植物，以鳞茎入药；适合在海拔 600m 以下的地区生长，多生长于湿润的山脊、山坡、沟边草丛中，以及山丘荫蔽处或竹林下；喜温和湿润、阳光充沛、温度适宜的环境，生长期间需水量大；对土壤要求严格，适宜在透水性好、微酸性或中性的沙质壤土中生长，较适宜的土壤 pH 为 5.5～7.0。浙贝母不适宜在同一地块内连作，宜进行轮作且间隔种植时间 2 年以上。

2. 白术 白术为菊科苍术属多年生草本植物，以根茎入药；适合在海拔 500～1 000m 的地区生长，多生长于山坡草地中及林下；喜凉爽、温和的气候，耐寒、耐旱，忌积水；对土壤要求低，能适应在地势高、土层深厚、土质疏松、排水良好的坡地上种植，喜在酸性土壤中生长，较适宜的土壤 pH 为 5.5～6.5。白术不适宜在同一地块内连作，宜进行轮作且间隔种植时间 4 年以上。

3. 延胡索 延胡索为罂粟科紫堇属多年生浅根草本植物，以块茎入药，称为元胡；适合在海拔 200～1 000m 的地区生长，喜温暖湿润气候，耐寒，怕干旱和强光；适宜在土层疏松、排水良好的中性或微酸性沙质壤土中生长，较适宜的土壤 pH 为 5.6～6.5，尤以腐殖质含量丰富、土层疏松肥沃、排水良好的沙质壤土为宜，土壤越疏松，根系就越发达，有利于茎节膨大和营养的吸收。延胡索不适宜在同一地块内连作，宜进行轮作且间隔种植时间 1 年以上。

4. 玄参 玄参为玄参科玄参属多年生草本植物，以根入药，植株常年绿叶，高度可达 1m 左右；适合在海拔

300～1 700m的地区生长，喜半阴湿润环境，较耐寒，常见于山地、林缘、溪边，茎叶能经受轻霜；适宜在土层深厚、土质疏松、排水良好的酸性土壤中种植，较适宜的土壤pH为5.5～6.5。玄参不适宜在同一地块内连作，宜进行轮作且间隔种植时间3年以上。

5. 芍药 芍药为毛茛科芍药属多年生草本植物，以根入药，称为白芍；适合在海拔1 000m以下的地区生长，多生长于山坡、山谷的灌木丛或草丛中；喜光照，适宜在土层深厚、土质疏松、排水良好、光照充足的酸性和中性沙质壤土中生长，较适宜的土壤pH为6.0～7.5，不宜在黏土及低洼地中栽培。

6. 温郁金 温郁金为姜科姜黄属郁金的栽培品种，为多年生草本植物，以根茎入药，株高可达1m；适合在海拔800m以下的地区生长，多生长于排水良好的疏林下、向阳的湿润田园中或水沟边；适宜在酸性土壤中生长，较适宜的pH为5.5～6.5，在有机质含量高、土质疏松、排水良好的土壤中生长发育良好。温郁金不适宜在同一地块内连作，宜进行轮作且间隔种植时间2年以上。

7. 重楼 重楼为延龄草科重楼属多年生草本植物，以根茎入药；适合在海拔500～3 000m的地区生长，多生长于山地林下或路旁草丛的阴湿处；喜温、喜湿，喜荫蔽的环境，抗寒、耐寒，怕霜冻和阳光，适合生长在土质疏松、有机质丰富、排水良好的微酸性沙土或壤土中，较适宜的土壤pH为5.5～7.0。重楼不适宜在同一地块内连作，宜进行轮作且间隔种植时间1年以上。

8. 金线兰 金线兰为兰科金线兰属多年生草本植物，全草皆可入药；适合在海拔300～1 200m的地区生长，多生长于常绿阔叶林或竹林下阴湿处；喜欢在疏松、透气、排水良好的酸性土壤中生长，较适宜的土壤pH为5.5～6.5。

9. 三叶崖爬藤 三叶崖爬藤为葡萄科崖爬藤属多年生常绿草质藤本植物，具有细长的枝条和光滑的表面，全株可供药用，又称三叶青；适合在海拔200～1 000m的地区生长，多生长于山坡灌丛中，以及山谷、溪边的岩石缝中，偏爱疏松、通气性好的酸性土壤，较适宜的土壤pH为5.5～6.5。

10. 淫羊藿 淫羊藿为小檗科淫羊藿属多年生草本植物，植株高20～60cm，全草皆可入药；对光照敏感，忌阳光直射，遮光度宜达到80%；适合在海拔600～3 500m的地区生长，多生长于林下的阴湿处、沟边或灌丛中；对土壤要求严格，适宜在微酸性至中性的土壤中生长，较适宜的土壤pH为6.0～7.5。

11. 三七 三七为五加科人参属多年生草本植物，以根入药；适合在海拔1 200～1 800m的地区生长，为阴生植物，喜温暖、稍阴湿的环境；对土壤要求不严，适宜在土质疏松、排水良好的微酸性至中性壤土中生长，较适宜的土壤pH为5.5～7.0。三七不宜在同一地块内连作，通常需轮作5年以后才可再种。

12. 钩藤 钩藤为茜草科钩藤属多年生藤本植物，以带钩枝条入药；多生长于海拔800m以下的山坡、山谷、溪边、丘陵地带的疏生杂木林间或林缘向阳处；喜温暖、湿润、光照充足的环境；对土壤要求不严，在一般土壤中均能正常生长，偏好中性至微酸性土壤，较适宜的土壤pH为6.0～7.0。

13. 黄连 黄连为毛茛科黄连属多年生草本植物，根状茎常为黄色，常分枝且密生多数须根，其根部含有多种生物碱成分，是一种清热燥湿药材；适合在海拔500～2 000m的地区生长，多生长于高山寒湿的林荫下，喜欢冷凉、弱光、湿润、荫蔽的环境；适宜在土层深厚的微酸性土壤中生长，较适宜的土壤pH为5.5～6.5。

14. 草珊瑚 草珊瑚为金粟兰科草珊瑚属多年生常绿半灌木，株高可达1.2m，全株可入药；适合在海拔400～1 500m的地区生长，多生长于阴湿的山坡、沟谷的常绿阔叶林下；适宜在腐殖质层深厚、疏松肥沃、微酸性的壤土中生长，较适宜的土壤pH为5.5～6.0。草珊瑚不适宜在同一地块内连作，宜进行轮作且间隔种植时间1年以上。

15. 灵芝 灵芝为灵芝科灵芝属真菌，灵芝子实体大多为一年生，少数为多年生；适合在海拔300～2 000m的地区生长，多生长于杨柳科、榆科、壳斗科、樟科、蝶形花科、金缕梅科、木樨科等阔叶树种的枯木、腐木或树桩上，主要靠分解木材中的纤维素、木质素来获取养分；菌丝适合在微酸性至中性土壤中生长，较适宜的土壤 pH 为 5.5～7.0。

16. 天麻 天麻为兰科天麻属多年生草本植物，无根也无叶绿素，依靠蜜环菌为其提供养分，以茎入药；适合在海拔 600～1 500m 的地区生长，赖以生长的蜜环菌常寄生或腐生在硬质木的树根及老树干组织内；根状茎单一且直立；无绿叶，叶为黄褐色，膜片状且呈膜质，下部鞘状抱茎；喜凉爽湿润环境，耐寒、怕高温，适宜在酸性的沙壤土、腐殖土中生长，较适宜的土壤 pH 为 5.0～6.5。天麻不适宜在同一地块内连作，需要间隔 1 年以上方可再种。

17. 南烛 南烛为杜鹃花科越橘属常绿小乔木或灌木，俗称乌饭树，为浅根性树种，须根发达，高可达 3m，树根和果实均可入药，是一种能适应南方红壤区的水土保持优良树种，适合在海拔 100～1 400m 的地区生长，喜阳耐旱，耐瘠薄，较耐寒，多分布于林缘及稀疏灌木丛中；在酸性的黄壤土、红壤土中能正常生长，较适宜的土壤 pH 为 4.5～6.6。

18. 栀子 栀子为茜草科栀子属常绿灌木，高可达 2m，多生长于疏林山坡和荒坡草丛中，为药食两用植物，成熟干果为传统珍贵中药材，也可提炼天然色素；适合在海拔 1 500m 以下的地区生长，喜欢温暖环境，较耐高温，对光照要求不严格，喜酸性土壤，忌在有积水的地块和盐碱地上种植，适宜的土壤 pH 为 5.5～6.5。

19. 山鸡椒 山鸡椒为樟科木姜子属落叶灌木或小乔木，俗称山苍子，高可达 4m，全株均可入药；树皮在幼龄时呈黄绿色、光滑，老时变成灰褐色，呈片状剥落；适合在海拔 300～2 300m 的地区生长，属中性偏阳树种，喜温暖湿润环境，除幼苗期需要遮阳以外，成年树喜光；适宜在中性至微酸性的紫色土、山地壤土中生长，较适宜的土壤 pH 为 5.5～6.8。从果实中提取的山鸡椒油，可作为香料、烟草、食品、化妆品、药品的原料。

20. 越橘（蓝莓） 越橘（蓝莓）为杜鹃花科越橘属落叶灌木，果实和叶片均可入药；适合在海拔 1 500m 以下的地区生长，喜光照，属典型的喜酸性土壤的植物，较适宜的土壤 pH 为 4.5～5.5。

21. 人参 人参为五加科人参属多年生草本植物，全株均可入药；适合在海拔 300～1 500m 的地区生长，多生于落叶阔叶林或针叶阔叶混交林下；喜阴，喜凉爽、湿润的气候，喜较弱的散射光，耐低温；适宜在微酸性土壤中生长，较适宜的土壤 pH 为 5.5～6.5。人参不适宜在同一地块内连作，需要间隔 2 年以上方可再种。

22. 丹参 丹参为唇形科鼠尾草属多年生直立草本植物，为深根植物，以根和根茎入药；喜温、耐寒、怕涝；适合在海拔 500～1 700m 的地区生长，多生长于山坡、林下草丛中或溪谷旁；偏爱酸性土壤，较适宜的土壤 pH 为 5.5～6.5。丹参不适宜在同一地块内连作，需要间隔 3 年以上方可再种。

23. 忍冬 忍冬为忍冬科忍冬属半常绿藤本植物，俗称金银花，以花蕾或待开的花朵入药；适合在海拔2 000m以下的地区生长，多生长于山坡上的灌丛或疏林地中，以及乱石堆旁、路旁、村庄篱笆边；对土壤要求并不严，适合在中性至微酸性的土壤中生长和开花，较适宜的土壤pH为5.5～7.5。

24. 桔梗 桔梗为桔梗科桔梗属多年生草本植物，可作花境材料，根可入药或作蔬菜，是一种多用途植物；适合在海拔1 100m以下的地区生长，多生长于阳坡或半阳坡的山地中；喜光，喜凉爽的生长环境，耐寒，耐旱，怕水涝；适宜在酸性的壤土中生长，较适宜的土壤pH为5.0～6.5。

25. 红汁乳菇 红汁乳菇为红菇科乳菇属菌类，属药食同源菌类；适合在海拔300～1 800m的地区生长，多生长在松林地上，生长周期为初夏至秋季；在pH为3～11的土壤环境中均可生长，较适宜pH为5～8的土壤环境。红汁乳菇除鲜食外，还可加工成菌油。

26. 药百合 药百合为百合科百合属多年生草本植物，以鳞茎入药；适合在海拔1 000m以下的地区生长，喜凉爽干燥、光线充足的环境和向阳山坡，适宜在空气清新、土层深厚、排水良好的弱酸性至中性壤土中生长，较适宜的土壤pH为5.5～7.0。药百合不适宜在同一地块内连作，需要间隔3年以上方可再种。

27. 杜若 杜若为鸭跖草科杜若属多年生草本植物，根状茎长而横走，茎粗壮，不分枝，植株最高可达 0.8m，其根入药；适合在海拔 1 200m 以下的地区生长，适合在湿润的酸性土壤中生长，较适宜的土壤 pH 为 5.5～6.5；株丛茂密，绿叶浓荫，观赏价值较高，属于优良的林下地被植物。

28. 柴胡 柴胡为伞形科柴胡属植物，多为一、二年生或多年生的草本植物，以根入药；适合在海拔 100～2 500m 的地区生长，多生长于向阳的山坡上、道路旁、岸边或草丛中；适宜在土层深厚、土质疏松、排水良好的沙壤土或腐殖土、夹沙土中生长，较适宜的土壤 pH 为 6.0～7.0。柴胡不适宜在同一地块内连作，需要间隔 2 年以上方可再种。

29. 菘蓝 十字花科菘蓝属一年生或二年生草本植物，株高可达 1m，以根入药，称板蓝根。分为北板蓝根和南板蓝根。在北方种植的北板蓝根（菘蓝），适合在海拔500～1 500m 的地区生长，喜光照，但也能在一定程度的半阴环境下生长；喜温暖湿润气候，耐寒、怕涝，可忍受低温环境；对土壤要求不严，一般的土壤均能种植，适合在中性至微碱性土壤中生长，较适宜的土壤 pH 为 6.5～7.5。在南方种植的南板蓝根（马蓝），多生长在海拔600～2 800m 的南向或西南向山谷中、林下和溪边；喜温暖湿润的气候，不耐寒，喜欢阳光充足的环境，但也耐阴；喜土质疏松、排水良好的沙质壤土或壤土，土壤以弱酸性至中性为宜，较适宜的土壤 pH 为 6.0～7.0。

30. 砂仁 砂仁为姜科豆蔻属多年生草本植物，主要有阳春砂、绿壳砂、海南砂，根茎匍匐于地面，株高可达 3m，以干燥的成熟果实入药；适合在海拔 300～1 500m 的地区生长，多生长于山地阴湿处，喜温暖湿润气候，不耐寒，能耐短暂低温，需适当荫蔽，喜漫射光；适宜在土层深厚、疏松、保水保肥能力强的酸性至中性壤土中生长，较适宜的土壤 pH 为 5.5～7.0。砂仁不适宜在同一地块内连作，需要间隔 3 年以上方可再种。

31. 何首乌 何首乌为蓼科何首乌属多年生草本植物，以块状根和叶片入药；适合在海拔 200～3 000m 的地区生长，多生长于山谷灌丛中、林下、林缘、路边和沟边石缝中，对环境的适应性强，喜温暖、湿润气候，耐阴，忌干旱，怕涝；适宜在土层深厚、疏松肥沃、富含腐殖质、湿润且排水良好的酸性至中性壤土中生长，较适宜的土壤 pH 为 5.5～7.5。

32. 橘 芸香科植物橘及其变种的成熟果皮入药，称为陈皮。橘适合在海拔 200～1 000m 的地区生长，多生长于坡度较缓的山地或丘陵地带；适合在通风、透光、排水良好、土层深厚的酸性至中性壤土中生长，较适宜的土壤 pH 为 5.5～7。

33. 五味子 五味子为五味子科五味子属落叶木质藤本，以干燥成熟果实入药；适合在海拔 200～1 800m 的地区生长，多生长于杂木林下、林缘或灌木丛中，以藤状茎缠绕其他植物；耐寒性差，喜微酸性的沙壤土和腐殖土，较适宜的土壤 pH 为 5.5～6.5。从五味子的叶、果实中可提取芳香油，其嫩茎和叶可食用，种子及茎可作调料；植株可作为垂直绿化植物；种仁榨的油可作为工业原料、润滑油；茎的纤维柔韧，可制作成绳索。五味子不适宜在同一地块内连作，需要间隔 2 年以上方可再种。

34. 薄荷 薄荷为唇形科薄荷属多年生草本植物，地上茎长可达 0.6m，为药食同源植物，幼嫩的茎尖可作为菜食用，全草可入药；适合在海拔 2 100m 以下的地区生长，喜阳，略耐阴，喜湿润气候，稍耐积水，多分布于山野地区的水旁潮湿地；对环境的适应能力强，既可以在平坝、丘陵等地区种植，又可在海拔较高的山区种植；在大部分土壤中均能生长，较适宜的土壤 pH 为 5.5～6.5。薄荷的根系发达且对养分的需求量大，不建议将薄荷与其他植物种在同一块地中，因薄荷会吸走土壤中的大量养分和水分，易导致其他植物营养不良。

35. 杜仲 杜仲为杜仲科杜仲属落叶乔木，多以树皮入药；适合在海拔 300～2 500m 的地区生长，多生长于低山、谷底或疏林地中；在幼龄期生长慢，进入中龄期后生长迅速，树高可达 20m；喜温暖湿润的气候和阳光充足的环境，能耐严寒，成年树在－30℃的条件下仍能存活；对土壤要求不严，可在瘠薄的红土中或岩石峭壁上生长，能适应酸性、中性和微碱性的土壤环境，较适宜的土壤 pH 为 6.0～7.0。

36. 曼陀罗 曼陀罗为茄科曼陀罗属一年生草本植物，以花、种子和全草入药；叶呈广卵形，叶边缘具不规则波状浅齿裂；花多生于枝的分叉处或叶腋处，直立，有短梗；花萼呈筒状裂片三角形，颜色为白色或淡紫色；适合在海拔 3 000m 以下的地区生长，多生长于屋舍旁、山坡边缘、路边或草地上等开阔地带；喜温暖、湿润、向阳的环境，怕涝；对土壤要求不严格，耐贫瘠，较适宜的土壤 pH 为 6.0～7.0。

37. 威灵仙 威灵仙为毛茛科铁线莲属多年生木质藤本，以根入药；适合在海拔 1 800m 以下的地区生长，喜湿润环境，多生长于山坡、山谷灌木丛以及溪边和路旁草丛中；适宜在土层深厚、排水良好、土质疏松的酸性壤土中生长，较适宜的土壤 pH 为 5.5～6.5。

38. 刺五加 刺五加为五加科五加属灌木，一、二年生密刺植株，株高可达 6m，以根和茎入药；适合在海拔 100～2 000m 的地区生长，多野生于山坡林中及路旁灌丛中，适合在针阔混交林、阔叶林或者疏林地中种植，以阴坡、半阴坡为宜；适宜在腐殖质层深厚的微酸性至中性壤土中生长，较适宜的土壤 pH 为 5.5～7.0。

39. 防风 防风为伞形科防风属二年生草本植物，以根入药；适合在海拔 200～2 000m 的地区生长，多生长于草原、山坡、林缘等开阔地带；喜凉爽气候，耐寒，耐干旱；对土壤要求不严，适宜在微酸性至中性壤土中生长，较适宜的土壤 pH 为 6.0～7.5。

40. 白鲜 白鲜为芸香科白鲜属多年生草本植物，以根皮入药，称白鲜皮；适合在海拔100～2 000m的地区生长，多生长于丘陵土坡和平地灌木丛中、草地中、疏林下和石灰岩山地上；喜温暖、湿润环境，耐寒性好，喜地势较高、向阳、排水良好的地块；适宜在微酸性至中性土壤中生长，较适宜的土壤pH为6.0～7.5。白鲜不适宜在同一地区连作，需要间隔2年以上方可再种。

41. 芍药/川赤芍 毛茛科多年生草本植物芍药或川赤芍以根入药，称为赤药。芍药或川赤芍适合在海拔1 000～3 000m的地区生长，多生长于阔叶林下及山沟中，属长日照植物，在光照时间不足或在短日照条件下通常只长叶不开花，或开花异常；对土壤要求不高，适宜在酸性壤土中生长，较适宜的土壤pH为5.5～6.5。

42. 升麻 升麻为毛茛科升麻属多年生草本植物的统称，以根茎入药；适合在海拔1 000～2 300m的地区生长，多生长于半阴半阳的坡地上、林地边缘或路旁的草丛中，喜温暖湿润的气候，耐寒，怕涝且忌干旱；幼苗期怕强光照射，开花结果期需要充足光照；喜微酸性至中性的壤土和腐殖土，较适宜的土壤pH为6.0～7.5。

43. 黄芩 黄芩为唇形科黄芩属多年生草本植物，以根入药；适合在海拔800～3 000m的地区生长，多生长于缓坡地或向阳的坡地上；喜半阴环境，喜温，耐旱，抗严寒的能力较强；对土壤要求不严，适合在微酸性土壤中生长，较适宜的土壤pH为5.5～7.5。

44. 香菇 香菇为光茸菌科香菇属食用菌，是一种药食同源食用菌，不但营养价值高，而且药用价值和保健价值也高。香菇可在海拔 2 000m 以下的地区生长，冬、春季多野生于阔叶树的倒木上，群生、散生或单生；适宜在微酸性的土壤中生长，较适宜的土壤 pH 为 5.5～6.5。

45. 两面针 两面针为芸香科花椒属多年生木质藤本植物，以根入药；适合在海拔 2 500m 以下的地区生长，多生长于山地丘陵区的疏林地、灌木丛和荒山草丛中，不耐水淹；适合在酸性至中性土壤中生长，较适宜的土壤 pH 为 5.5～7.0。

46. 密花豆（鸡血藤） 鸡血藤为豆科密花豆属木质藤本植物，以茎入药；适合在海拔 500～3 000m 的地区生长，多生长于疏林地中、山谷林间和山地灌丛中，喜温暖湿润的气候，对光照有一定的适应性，在半阴半阳的环境中能够生长良好，不耐水涝；适合在土质疏松和排水良好的酸性至中性壤土中生长，较适宜的土壤 pH 为 5.5～7.5。

47. 龙眼 龙眼为无患子科龙眼属大型常绿乔木，树高常在 10m 以上，果实可药食两用，全株可入药，多以果实入药；多生长于海拔 1 100m 以下的常绿林和混交落叶林中，多见其生长于砂岩和花岗岩上，不耐水涝；属典型的酸性土壤指标性植物，较适宜的土壤 pH 为 5.4～6.5。

48. 八角 八角为五味子科八角属常绿乔木，以果实入药；适合在海拔 300～1 700m 的地区生长，多生长于背风的谷地或山麓处；喜温暖湿润的气候，喜光稍耐阴；适合在土层深厚的微酸性壤土中生长，属典型的酸性土壤指标性植物，较适宜的土壤 pH 为 5.0～5.5。八角的果皮、籽、叶均可用于制取芳香油。在香料工业中，芳香油可用于单离大茴香脑，进而作为原料来配制大茴香醛、大茴香醇、大茴香酸及其酯类等产品。同时，八角提取物也是一种比较理想的气味掩盖剂，常被应用于香皂、香料、漱口水以及牙膏等产品中。八角的果实还是著名的调味香料。

49. 肉桂 肉桂为樟科樟属常绿乔木，树高可达 10m 以上，以树皮入药；适合在海拔 100～500m 的地区生长，属半阴性树种，多生长于东向或东南向的山坡上或山谷中；喜温暖湿润的气候，只能在雨量充沛的环境下生长，忌积水；幼苗喜阴，成龄树则需要在较多光照下才能正常生长；属典型的酸性土壤指标性植物，较适宜的土壤 pH 为 4.5～6.5。

50. 罗汉果 罗汉果为葫芦科罗汉果属多年生草质藤本，以果实入药；适合在海拔 300～1 400m 的地区生长，多生长于林下、河边湿润地段或灌木丛中；属短日照植物，喜温暖、湿润的环境，要求昼夜温差大、无霜期长，不耐寒，不耐积水，不耐涝；适宜生长在土质疏松、土壤肥沃、排水良好的酸性土壤中，较适宜的土壤 pH 为 5.0～6.5。

51. 广州相思子 广州相思子为豆科相思子属攀缘灌木，俗称鸡骨草，全株可入药；适合在海拔 200～900m

的地区生长，多生长于山地或旷野灌木林边；喜温暖、潮湿的气候，怕寒冷，耐旱，忌涝；适合在排水良好的酸性壤土中生长，较适宜的土壤pH为5.5～6.5；不适宜在通气性差的黏土中生长，也不适宜在排水不良的土壤中生长。

52. 金花茶 金花茶为山茶科山茶属常绿灌木或小乔木，以叶片和花入药；适合在海拔1 500m以下的地区生长，属半阴性植物，多生长于土壤疏松、排水良好的丘陵台地；喜温暖、湿润的气候，耐瘠薄，喜肥，耐涝；不能忍受强光直射，苗期喜荫蔽，进入花期后却喜透射阳光；对土壤要求不严，适合在微酸性至中性的壤土中生长，较适宜的土壤pH为5.5～6.5；不适宜在黏土中生长，也不适宜在贫瘠且保水保肥性差的土壤中生长。金花茶还是良好的景观植物，其花蕾浑圆，开放时花朵金黄明亮，观赏价值较高。

53. 常山胡柚 常山胡柚为芸香科柑橘属常绿小乔木或灌木，以未成熟果实入药，称衢枳壳；适合在海拔200～800m的地区生长，多生长于热带和亚热带地区温暖湿润的丘陵、山地缓坡地带；对光照要求较高，较耐热，偏好湿润的环境；适合在土层深厚、土质疏松的酸性至中性土壤中生长，较适宜的土壤pH为5.5～7.5。

54. 蕺菜 蕺菜为三白草科蕺菜属多年生草本植物，俗称鱼腥草，属耐阴植物，以全草入药；适合在海拔300～2 600m的地区生长，多生长于沟边、溪边、林下、湿地等空气湿度和土壤湿度较大的地方；喜温暖湿润的气候，也能忍受低温；适宜在土质疏松的微酸性至中性壤土中生长，较适宜的土壤 pH 为 6.0～7.5。

55. 蒲公英 蒲公英为菊科蒲公英属多年生草本植物，以全草入药；适合在海拔 3 000m 以下的地区生长，多生长于田野、草地中以及路旁、河岸、山坡上；喜光照，既耐寒又耐热，耐干燥；对土壤要求不严，耐贫瘠，在壤土和黏土中均可生长，较适宜的土壤 pH 为 4.5～8.0。

56. 夏枯草 夏枯草为唇形科夏枯草属多年生草本植物，地上株高可达 0.3m，以果穗入药；适合在海拔300～2 800m 的地区生长，多生长于温暖湿润的荒地上、路旁、溪边及山坡草丛中；喜光照，较耐热；对土壤要求不严，可在各种质地的微酸性至中性土壤中生长，较适宜的土壤 pH 为 5.5～7.5。

57. 天南星 天南星为天南星科天南星属多年生草本植物，地上株高可达 0.9m，以块茎入药；适合在海拔 300～2 700m 的地区生长，多生长于林下、灌丛或草地等阴湿环境中；喜阴，怕强光，喜水喜肥，忌积水淹涝，不耐冻；适宜在土质疏松的微酸性沙壤土中生长，较适宜的土壤 pH 为 5.5～6.5。

58. 知母 知母为百合科知母属多年生草本植物，以根茎入药；适合在海拔 100～2 000m 的地区生长，多生长于阴湿的山谷灌丛中、林下、沟边石隙中；适宜生长在土质疏松的酸性和中性壤土中，较适宜的土壤 pH 为 4.5～7.5。

59. 厚朴 厚朴为木兰科厚朴属落叶乔木，以树皮、根皮及枝皮入药；适合在海拔 300～1 500m 的地区生长，多生长于山林间朝南向阳的坡地上；为喜阳树种，适合在温凉、湿润、降水充沛的环境中生长，不耐干旱，不耐水涝；适合在微酸性和中性壤土、沙壤土中生长，较适宜的土壤 pH 为 5.5～7.5。厚朴根系发达，能够深入土层固定土壤，属于优良的水土保持树种，还具有绿化观赏价值。

60. 温栀子 温栀子为茜草科栀子属常绿灌木，花有浓郁的芳香气味，多以果实入药，茎和叶也可入药；适合在海拔 500m 以下的地区生长，多生长于旷野、丘陵、山谷、山坡、溪边的灌丛或树林中；喜湿润环境，不耐干旱，不耐瘠薄，不耐寒，不耐水涝；适合在土层深厚、质地疏松的酸性壤土中生长，较适宜的土壤 pH 为 4.5～6.5。

61. 薏苡 薏苡为禾本科植物，干燥成熟种仁和根可入药。薏苡适合在海拔 200～2 000m 的地区生长，适合生长在河边、溪边、山谷中以及坡度适中的向阳坡面，喜温暖、湿润气候，喜光照，不耐水涝；对土壤质地的适应性强，适合在酸性和中性土壤中生长，较适宜的土壤 pH 为 5.5～7.5。

62. 华南忍冬 华南忍冬为忍冬科忍冬属半常绿藤本植物，俗称山银花，一般正常生长年限可达 20～30 年，多以花蕾和刚开放的花朵入药，茎也可入药；适合在海拔 200～1 000m 的地区生长，多生长于背风向阳的缓坡地、开阔地，也能在一定程度的荫蔽环境下生长；花期一般为4—6月，秋季也可能少量开花，在花期需要充足的光照；适合在土质疏松、湿润、排水良好的微酸性和中性壤土中生长，较适宜的土壤pH为5.5～7.5。

63. 覆盆子 覆盆子为蔷薇科悬钩子属灌木，株高2～3m，多以果实入药，根和叶也可入药；适合在海拔2 000m以下的地区生长，多生长于阳坡的散射光林地内；喜温暖湿润的环境，能忍受低温和高温；对土壤要求不严格，适合在微酸性和中性的沙壤土和壤土中生长，较适宜的土壤pH为5.5～7.0。

64. 沿阶草 沿阶草为百合科沿阶草属多年生常绿草本植物，俗称浙麦冬，以纺锤形的根入药；适合在海拔500m以下的地区生长，适应性强，喜湿润又耐干旱，有较强的耐寒力；适宜在壤土中生长，较适宜的土壤pH为7.0～8.0。浙麦冬还具有观赏价值，但是不适宜在同一地块内连作，需要间隔2年以上方可再种。

65. 枸杞 枸杞为茄科枸杞属多年生木本植物，具有药食同源的特点；适合在海拔500～3 000m的地区生长，喜光和冷凉气候，耐寒力强，根系发达，抗旱能力强，在干旱的荒漠土壤中仍能生长；对土壤的适应性强，在碱性土和沙质壤土中均能生长，较适宜的土壤pH为7.5～8.5。

66. 甘草 甘草为豆科甘草属多年生草本植物，其根及根状茎供药用；适合在海拔300～2 000m的地区生长，多生长于干燥的沙地、河岸边的沙质土壤及盐碱化的土壤中；喜光照充足、降水量少、冬夏季和昼夜温差大的生态环境，耐旱、耐热、耐寒，是一种典型的比较耐盐碱的植物，较适宜的土壤 pH 为 7.2～8.5。甘草不适宜在同一地块内连作，需要间隔 3 年以上方可再种。

67. 麻黄 麻黄为麻黄科麻黄属多年生灌木，以木质茎或匍匐状茎入药；适合在海拔 1 500m 以下的地区生长，多生长于平原、山坡、河床、草原上；适合在轻度盐碱化的土壤中生长，较适宜的土壤 pH 为 7.5～8.0。

68. 沙棘 沙棘为胡颓子科沙棘属落叶灌木，以果实入药；适合在海拔 800～2 000m 的地区生长，多生长于温带地区向阳的山脊、谷地、干涸河床或山坡上；耐旱，抗风沙，适合在多砾石或沙质土壤中生长，可在黄土中生长，也可在盐碱地上生长，是一种典型的水土保持先锋植物，较适宜的土壤 pH 为 5.5～8.0。单一种植沙棘时，不能连作，需要间隔 4 年以上方可再种。

69. 黄精 黄精为天门冬科黄精属多年生草本植物，茎为根状，以根茎入药；适合在海拔 2 800m 以下的地区生长，喜凉爽、潮湿、荫蔽的环境，耐严寒；适宜在土层深厚、疏松透气、排水良好且富含有机质的沙壤土中生长，以中性至微酸性土壤为宜，较适宜的土壤 pH 为 6.0～7.5。

70. 白及 白及为兰科白及属植物，以根茎入药；适合在海拔 3 200m 以下的地区生长，多生长于常绿阔叶林或针叶林的阴坡，以及路边草丛或岩石缝中；喜温暖、湿润的气候，耐阴能力强，不耐寒，不喜光照；适宜在土质疏松、肥力充足、含丰富有机质和腐殖质的沙质壤土或黏土中生长。白及不适宜在同一地块内连作，需要间隔 2 年以上方可再种。

71. 黄芪 黄芪为豆科黄芪属多年生草本植物，地上部分高度可达 1.0m，主根肥厚，灰白色，以根入药；适合在海拔 800～3 000m 的地区生长，多生长于林缘、灌丛中、疏林下、山坡上、沟旁；适合在排水性和透气性良好的中性沙质土壤中生长，较适宜的土壤 pH 为 6.8～7.5，不适合在低洼地、黏土、贫瘠土壤中生长。黄芪不适宜在同一地块内连作，需要间隔至少 1 年方可再种。

72. 党参 党参为桔梗科党参属多年生草质藤本植物，以根入药；适合在海拔 1 500～3 000m 的地区生长，多生长于山地林边及灌木丛中，以根入药；喜温和凉爽的气候，耐寒，根部能露地越冬；幼苗喜潮湿、荫蔽的环境，怕强光、怕缺水、怕高温，长成大苗后则喜阳光充足的环境；适合在土层深厚、土质疏松、排水良好的微酸性至中性沙质壤土或黄棕壤土中生长，较适宜的土壤 pH 为 6.5～7.5。

73. 决明 决明为豆科决明属一年生亚灌木状草本植物，直立且粗壮，植株高度可达 2m；具有药食同源的特点，以种子入药，称决明子；适合在海拔 2 000m 以下的地区生长，多生长于路边和山坡处，喜温暖、湿润的环境，不耐寒也不耐旱，怕霜冻，在高温多雨的季节生长较好；对土壤要求不高，在各类中性土壤中均可生长，较适宜的土壤 pH 为 6.0～7.5。决明不适宜在同一地块内连作，需要间隔 3 年以上方可再种。

74. 当归 当归为伞形科当归属多年生草本，以根入药；适合在海拔 1 500～3 000m 的地区生长，多生长于高寒多湿的山区；适宜在阴凉湿润的环境中生长，对土壤的要求较高，适合在土质疏松的沙壤土和富含腐殖质的中性土壤中生长，较适宜的土壤 pH 为 6.5～7.5。当归不适宜在同一地块内连作，需要间隔至少 3 年方可再种。

75. 茯苓 中药茯苓为多孔菌科真菌茯苓的干燥菌核，菌核既是休眠器官，又是贮藏器官。茯苓适合在海拔 600～1 800m 的地区生长，多生长于针叶树种的根上；喜光照充足、通风良好、凉爽的环境，也能适应寒冷的环境，但冻害会影响其生长；适宜在石灰岩、砂岩或者黄土中生长，不适宜在黏土、沙砾土中生长，较适宜的土壤 pH 为 4.0～6.0。茯苓不适宜在同一地块内连作，需要间隔至少 3 年方可再种。

76. 羊肚菌 羊肚菌为羊肚菌科羊肚菌属真菌，菌盖形状为近球形、卵形至椭圆形，子实体高约 10cm，菌盖顶端钝圆，表面有似羊肚状的凹坑；适合在海拔 500～4 000m的地区生长，多生长于阔叶林或针阔叶混交林下的腐殖质层上；喜散射光，喜氧气充足、低温高湿的环境；适合在中性或微碱性土壤中栽培，较适宜的土壤 pH 为 6.5～7.5。

77. 菜头肾 菜头肾为爵床科马蓝属多年生草本，地上部分高度可达 40cm，以全草或根入药；适合在海拔 200～1 000m 的地区生长，多生长于林下或丘陵地带阴湿处；喜肥沃、排水良好的沙质壤土或壤土，较适宜的土壤 pH 为 6.5～7.0。

78. 射干 射干为鸢尾科射干属多年生草本，以根入药；适合在海拔 200～2 200m 的地区生长，多生长于林缘或山坡草地中；喜温暖湿润的气候，耐寒、耐旱；对土壤要求不高，可在瘠薄土壤中生长，较适宜的土壤 pH 为 5.6～7.8，不适合在低洼地和盐碱地中种植。射干还可作观赏植物，其花形飘逸，观赏价值高。射干不适宜在同一地块内连作，需要间隔 3 年以上方可再种。

79. 山豆根 山豆根为豆科山豆根属藤状灌木，以根入药；适合在海拔 800～1 500m 的地区生长，对生长环境要求比较苛刻，喜高温环境，主要生长于山脚处、岩缝中或灌木丛边缘，不耐水涝；对土壤要求不严，适合在中性壤土中生长，较适宜的土壤 pH 为 6.5～7.0。山豆根的种子含油率高，可榨成工业用油；纤维可作为麻的替代品，也可作为造纸原料；茎可用于编织，也可作为花饰中的线性花材；其叶形状如剑，开花时繁多的白花下垂如铃铛，姿态优美，花期持久。山豆根常被作为庭园观赏植物，也常作为切花材料。

80. 枳椇 枳椇为鼠李科枳椇属落叶乔木，俗称拐枣。树高可达 10m 以上，果实可药食两用，果实、种子、根等均可入药；适合在海拔 2 200m 以下的地区生长，多生长于开旷地、山坡林缘或疏林中；喜阳光充足的环境，对土壤适应性较强，可在干旱、瘠薄的土壤中生长，适合在中性壤土中生长，也能适应弱酸性和弱碱性土壤，较适宜的土壤 pH 为 6.0～8.0。

81. 白花蛇舌草 白花蛇舌草为茜草科耳草属一年生无毛纤细披散草本，以全草入药；适合在海拔 800m 左右的地区生长，多见于水田、田埂、湿润的旷地、山坡、路边、溪边草丛处；喜温暖湿润的环境，喜光照充足，但也能在半阴凉的环境中生长，不耐干旱，也不耐积水；对土壤要求不严，适宜在中性至微酸性的土壤中生长，较适宜的土壤 pH 为 6.0～7.5。

82. 牛膝 牛膝为苋科牛膝属一年生或多年生草本植物，株高可达 1.2m，以根入药；适合在海拔 200～1 500m的地区生长，多生长于林下、草丛中等荫蔽的环境中；喜温暖湿润的气候，喜光照，不耐严寒；对土壤要求不严，适合在中性和微酸性的壤土中生长，较适宜的土壤 pH 为 5.50～7.0。

83. 地黄 地黄为玄参科地黄属多年生草本植物，以块根入药；适合在海拔 1 000m 以下的地区生长，多生长于向阳的荒山坡上、山脚处、墙边、路旁、石缝中；喜光照，喜干燥，喜肥，不耐贫瘠，怕积水洪涝，又怕干旱；适宜在中性或者微碱性的土壤中生长，较适宜的土壤 pH 为 7.0～7.5。

84. 半夏 半夏为天南星科半夏属多年生草本植物，以块茎入药；适合在海拔2 500m以下的地区生长，多生长于较湿润的山坡上、溪边、林下、田野中等有遮阳条件的地方，喜温暖湿润的气候，属于耐阴植物，适合生长在半阴半阳、空气湿度较高、土壤湿润、排水良好的环境中；适宜在土质疏松，呈微酸性和中性的沙壤土或壤土中生长，较适宜的土壤pH为6.0～7.5。

85. 鳢肠 鳢肠为菊科鳢肠属一年生草本植物，俗称墨旱莲，以全草入药；适合在海拔1 900m以下的地区生长，多生长于田边、沟边、溪边及潮湿的草地上；对环境的适应性强，在温暖湿润的环境中生长良好；适合在中性至微酸性的沙壤土和壤土中生长，较适宜的土壤pH为6.0～7.0。

86. 女贞 女贞为木樨科女贞属常绿乔木。女贞高达25m，以成熟果实入药，称女贞子；适合在海拔2 900m以下的地区生长，主要生长于长江以南地区的林缘和溪边；适合在中性、微酸性和弱碱性的沙壤土、壤土、黏壤土中生长，较适宜的土壤pH为6.0～7.5。

87. 艾 艾为菊科蒿属多年生草本，株高0.8～2.5m，多以叶入药，茎和根也能入药；适合在海拔2 000 m的地区生长，多生长于山坡上、草地中、路旁和林缘地带；较耐阴，适合在林下有散射光的地方生长，喜温暖湿润环境，耐寒，耐贫瘠，但不耐水涝；适合在弱酸性、中性、弱碱性的沙壤土或壤土中生长，较适宜的土壤pH

为5.5～8.5。

二、重点关注中药材行业的市场因素

（一）中药材的市场需求

1. 社会群体对中药材的药用需求 中药材的药用价值是影响其市场需求的主导因素。人类常见疾病的种类及其对应患病人群规模与中药材需求量成正相关。如患有心血管疾病的人逐渐增多，用于治疗和预防心血管疾病的中药材的市场需求量会越来越大。有的疾病虽然是常见慢性病，若患病的人较少，则不建议盲目扩大种植规模。国家林业和草原局办公室于2022年发布《林草中药材产业发展指南》，汇总了常用中药材年需求量，详见表5-1。

表5-1 常用中药材年需求量分类统计表

（来源：国家林业和草原局办公室，2022）

年需求量	药材种类
10万t以上	花椒、枸杞子、胡椒
5万～10万t	艾叶、龙眼肉、莲子、薏苡仁、八角茴香、甘草
1万～5万t	黄芪、板蓝根、肉桂、党参、地黄、当归、山药、黄芩、三七、茯苓、山楂、虎杖、丹参、芡实、决明子、粉葛、桔梗、小茴香、百合、苦杏仁、陈皮、火麻仁、金银花、白芷、薄荷、草果、白术、白芍、川芎、瓜蒌（全瓜蒌、瓜蒌仁、瓜蒌皮）、广藿香、何首乌、麦冬

（续）

年需求量	药材种类
5 000～10 000t	天麻、夏枯草、大黄、野菊花、鸡血藤、菊花、蒲公英、黄精、栀子、玉竹、柴胡、桑葚、玄参、桂枝、石斛、半夏、乌梅、牛膝、穿心莲、泽泻、山茱萸、厚朴、香附、连翘、人参、酸枣仁、牡丹皮、北沙参、五味子、红花、太子参、延胡索、黄柏、益母草、苍术、苦参、赤芍、高良姜、砂仁、杜仲、木香、西洋参
1 000～5 000t	山银花、灵芝、荆芥、枳壳、玫瑰花、僵蚕、覆盆子、金钱草、红参、五倍子、菟丝子、防风、白花蛇舌草、车前子、郁金、独活、黄连、肉苁蓉、茵陈、天花粉、浙贝母、皱皮木瓜、水半夏、枇杷叶、远志、土鳖虫、续断、牛蒡子、知母、巴戟天、龙胆、地榆、天冬、淫羊藿、鸡内金、紫菀、地龙、款冬花、南沙参、半枝莲、秦艽、重楼、羌活、秦皮、鳖甲、钩藤、草河车、白及、枳实、平贝母、龟甲、射干、辛夷、猪苓、细辛、胖大海、全蝎、柏子仁
100～1 000t	吴茱萸、佛手、水蛭、地肤子、通草、蝉蜕、青贝、蜈蚣、松贝、川贝、冬虫夏草
100t 以下	金钱白花蛇、西红花

2. 社会群体对中药材的保健需求　当代人在工作、生活压力的影响下，身体处于亚健康状态的和主要健康指标异常的人越来越多，大众也逐渐意识到健康与调理的重要性，越来越关注具有保健和滋补调理作用的中药材。如：石斛具有提高人体免疫力、促进消化、清肝利胆、明目清音、祛风除湿、强健筋骨、滋阴养胃、疏清虚热、抗肿瘤、抗衰老的功效；黄精具有补气养阴、健

脾润肺、益肾、降血糖、抗氧化、提高免疫力的功效；艾草具有散寒止痛、止血祛湿、温经安胎、平喘镇咳的功效。这些中药材已在保健市场上备受关注。因此，建议选择有较大市场需求的中药材品种种植，有利于保证中药材的销售和收益。

（二）中药材的市场价格波动

需要提前做好中药材的市场调研，主要了解中药材品种的价格波动情况，从有利于长期稳定收益的角度出发，以市场调研作为参考，尽量选择价格相对稳定的中药材品种。多年来市场价格相对稳定的中药材，其种植风险相对较小；而多年来价格波动大的中药材，尤其是珍稀中药材，虽然价格高时利润率高，但毕竟其受众群体不大，且易受市场供求关系影响而引起较大的价格波动，故不建议大规模种植。

三、适当考虑生长周期因素

（一）短期收益的中药材品种选择

如果希望在较短时间内通过种植中药材盈利，就需要选择生长周期短的中药材品种。以板蓝根、忍冬为例，种植后当年即可收获，投入产出周期短，资金回笼快，适合投资有限并且希望能尽快盈利的情况。

（二）长期收益的中药材品种选择

在有长期投资计划且资金相对充足的情况下，可适当选择生长周期稍长且市场价值较高的中药材品种。由于生长周期长的中药材在收获前需要持续投入，建议配合种植适当规模的、可短期收益的中药材品种，采用“以短养长”的方式，既可在较短时间内获得一定的经济收益，又能以此收益作为生长周期长的中药材在生育期的管护资金。

四、兼顾自身的种植技术因素

（一）种植技术难度

在缺少中药材种植经验的情况下，建议优先选择种植技术相对简单且易于掌握的中药材，如艾草、忍冬、黄精等，其对环境的适应性强，在生长期间也容易管理。而一些珍稀中药材，如人参、灵芝、石斛等，对种植技术和环境条件要求高，需要有专业的技术人员作保障，稍有不慎就有可能导致种植失败，造成经济损失。

（二）病虫害防治难度

选择中药材种类时，还需要考虑病虫害发生率及防治难度。如种植薄荷等以叶入药的中药材，病虫害相对较少且易于管理；种植以根入药的中药材，根系易受土壤中的病虫危害且防治难度大，需要投入的管理成本高。

五、其他因素

初步选定林下种植的中药材种类后，须对拟选定的中药材在目标林地种植后可能产生的环境影响进行评估，避免植物间的竞争关系和生长抑制因素，确保不会对林分正常生长造成不利影响。主要评估内容包括：

（1）拟选定的中药材是否属于外来入侵物种，尤其是与林分内现有植被是否存在恶性竞争关系。

（2）拟选定的中药材的需水特性是否会影响林地水文状况，以及其从土壤中吸收养分是否会导致土壤环境质量下降。

（3）拟选定中药材在生长过程中释放的气体和花叶散发的气味，是否会对林下野生动物的栖息环境造成影响。

若评估结果表明某种中药材可能对目标林地产生不利影响，但必须种植时，需制定相应的预防危害或减轻不利影响的技术措施和管理方案。

第三节 林下中药材种植方案

制定中药材种植方案需重点考虑适宜的品种、合理的种植规模以及成本控制等因素，这对保证中药材的品质、产量和经济效益至关重要。因此，种植方案的设计是一项复杂且关键的前期工作，须综合考虑区域自然条件、种植规模、市场需求、材料及人工成本等多方面因素，才能设计出保证项目持续经营的中药材种植方案。

一、种植前期调研

（一）自然条件调查

掌握区域自然条件是选择适生中药材种类的基础。需要收集所在区域至少近 5 年的气象资料，包括年平均气温、年极端气温、年有效积温、年降水量、年极端降水量、年光照时长、年空气湿度、无霜期等。同时，还需调查土壤质地、土壤 pH、土壤肥力等直接影响中药材生长的土壤环境指标。

（二）市场调研

以相对稳定的市场需求和市场价格为依据来选择中药材种类。收集中药材市场至少近 5 年的鲜货、干货及粗加工产品的价格数据，分析道地药材和近年引进的非道地药材中供不应求的品类，以此预测未来市场需求量及价格波动趋势。

二、中药材品种的选择搭配

（一）主打品种确定

适当选择 2～3 种市场需求和市场价格相对稳定的主

打中药材。遵循适地适药、良种优先原则，结合自然条件，选择品质优良、性状稳定、适应性强的中药材，优先选择道地品种、优良乡土品种以及种植试验成功并通过生态风险评估的引种品种。

主打品种的种植面积占50%～70%，以突出本地中药材的品牌特色和溢价潜力。通过打造独特的地域品牌效应，实现稳产稳收的经营需求。

（二）种苗选择

选择中药材种苗时，应确保其符合国家相关标准，优先选用种质来源明确、性状良好、遗传稳定的种子或种苗。

（三）种植模式

1. 单一种植模式　该模式一般针对主打品种和不适宜连作的品种。按照因地制宜、适地适药的原则，选择适合在林地环境中规模化、标准化种植的中药材。

不宜连作的中药材，其根系滋生的病原会残留在土壤中，导致土壤肥力下降、微生物群落失衡，一般需要休养一段时间后才能再次种植。因此，在设计单一种植模式时，除制定忌连作中药材的种植方案外，还需要明确收获后的土壤消毒和地力恢复措施，包括采用物理改良或生物改良方法。

2. 间套作种植模式　该模式利用植物种群的共生关

系，选择适宜的植物与中药材组合，或两种中药材合理组合种植。从优化林地资源利用并分散种植风险的角度考虑，可在具备条件的林地内套种生长周期短的中药材品种，通过短期收益提升经济效益，套种中药材的面积比例可控制在30%～50%。

3. 轮作模式 该模式较为普遍，通过倒茬、适时种植等方式在多年内轮作种植中药材，一般以3～5年为一个轮作周期。选择轮作的中药材品种时，应尽量使其在土壤养分利用、病虫害防控等方面形成互补效应，通过轮作减少土壤中病菌和害虫的累积，从而保证中药材的品质与产量。

4. 生态景观种植模式 该模式侧重于林下花园的生态景观营造，所选中药材品种需兼具药用价值和观赏价值。在选择品种时，应遵循生态学原理，融入景观设计理念，优先选择景观效果好的中药材品种，通过合理配置形成种类多样、生物群落稳定、花叶观赏性强的生态景观系统。

三、种植条件

（一）林下土壤条件

不同的中药材对林下土壤的要求有所不同，需根据拟种植的中药材品种和种植模式，确定林下整地需达到的土壤条件。同时，在整地过程中应采取相应的水土保持措施，避免造成新的水土流失。

（二）灌溉与排水条件

根据不同中药材品种的水分需求特性，结合林地空气湿度和土壤含水率情况，确定种植期间是否需要补充水分。若有符合水质标准的灌溉水源，需设计适宜的取水方式及灌溉方案。

大部分中药材对土壤积水较为敏感，耐水淹能力有限，因此在整地时需要合理设计垄沟的深度以及畦田的高度、间距等。

四、种植

（一）种植时间安排

1. 春种品种 对于适宜在春季种植的中药材品种，需要依据其种子或种苗对气候和地温的要求，确定适宜的春种时间，以确保出苗整齐、幼苗健壮。

2. 秋种品种 对于适宜在秋季种植的中药材品种，依靠种子繁殖的中药材可利用种子休眠特性，通过秋冬低温催化作用提高发芽率，块茎类中药材则可利用秋冬季土壤低温抑制腐烂，促进翌年早春萌发。

（二）种植密度

合理的种植密度有利于保证中药材的正常生长和品

质。须根据中药材品种的生长特性和种植方式，采取种子处理、育苗定植等措施，确定适宜的种植密度，以保证单位面积内基本苗（株）数量合理。

五、施肥

根据林地土壤肥力状况及中药材生长期间的营养需求，制定合理的施肥方案。制定施肥方案时，需要确定基肥、追肥的种类，合理划分幼苗期、开花期、块茎膨大期等不同生长阶段的施肥时间、施肥量及施肥方法，以促进植株生长和药用成分积累。所选用的肥料不得对林地造成新的土壤面源污染，避免因长期施肥导致土壤退化，禁止施用化学肥料及有害物质超标的肥料。

六、有害生物防治

大多数中药材在种植期间都需要防治有害生物。在制定有害生物防治方案时，需要遵循预防为主、综合防治的原则，优先选用自然调控、物理防治、生物防治等绿色防治技术，因地制宜引入生物天敌或种植特异性伴生植物，辅以必要的诱杀、隔离等人工措施，有效控制有害生物对中药材生长的不利影响。需要注意的是，为保护林地生态环境，禁止使用化学农药。

七、采收与初加工

（一）采收

根据所种植中药材的入药部位，确定相应的采收条件，科学合理安排采收时间，实现适时、适量、规范采收入药部位。在中药材采收过程中，应避免对林地造成伤害。

（二）初加工

中药材采收后，需要及时拣选、清洗，并去除非药用部位，按照相应的技术规程，对药用部位进行晾晒、阴干、风干、人工干燥、切片等初加工。初加工过程中，严禁使用硫黄熏蒸、染色、增重、漂白、掺杂等影响中药材品质的方法。

八、贮藏

中药材入药部位在临时存放时，需要设置专门的临时贮藏场所。贮藏场所应注意有适宜的温度、湿度、光照和通风条件，严防淋雨、浸泡、霜冻。若中药材入药部位对贮藏条件有特殊要求，则应按其需求设置相应的贮藏环境。

九、质量监控与档案管理

（一）质量检测体系

定期抽检生长期的中药材，主要检测入药部位的有效成分含量，以及重金属、农药残留、微生物限度等指标，可参照《中华人民共和国药典》及相关行业标准来判定中药材品质，不合格的应及时溯源并整改。

（二）种植档案

为每个中药材种植分区、每批采收的中药材建立详细的种植档案，记录种子或种苗的来源、种植时间、施肥用药、田间管理操作、采收与初加工信息，实现全程可追溯，有利于分析种植效果、总结种植经验，为持续优化中药材种植制度积累实践经验。

第六章　林业设施用地规划

发展林下经济时，必须为林下经济项目提供必要的工程性配套设施，以满足生产经营的实际需求。在确定配套设施的规模和用地时，应在坚持合理保护和利用森林资源的前提下，科学合理地进行规划。

第一节　规划林业设施及用地的原则

林下经济作为林业生产经营的重要组成部分，在其发展过程中必然需要一定规模的林业设施用地。因此，在规划林下经济项目的组成、规模及布局时，需要同步考虑其配套设施的规划。

在规划林下经济项目的配套设施及其用地需求时，需要遵循以下原则：

1. 依法利用原则　规划林下经济配套设施时，应以直接服务于林下经济生产经营为基准，严格遵循《中华人民共和国森林法》第五十二条的规定。

2. 节约集约原则　规划林下经济配套设施时，应以“不占或少占林地”为前提，优先利用林地内已有的基础设施。确需新增设施的，应全面落实绿色低碳环保的生态文明发展理念，合理确定林下经济生产经营的实际需求，兼顾多种用途，科学合理地确定用地规模，实现配套设施的复合利用。

3. 规划引领原则　林下经济配套设施的布局、规模和数量，必须符合所在行政区的国土空间规划、林地保护利用规划、林道专项规划、森林经营规划及其他相关林业规划。同时，应避免在生态保护红线范围内布置配套设施。若因特殊情况无法避免，则须严格符合生态环境主管部门关于生态保护红线的管理规定，并依法依规办理相关审批手续。

第二节　林下经济生产经营所需的配套设施及占用林地标准

林下经济生产经营所需的配套设施主要包括：连通项目区与周边交通的道路，项目区所需的供水、供电、供热、供气、通信等基础设施，组培育苗设施及相应的配套设施，生产资料及作物的仓储设施，发展森林人家、森林民宿、森林康养所需的基础设施，开展科普、教育、研学活动的基础设施等。

在规划配套设施时，应根据林下经济项目的实际需求，遵循低密度、低影响的原则，合理确定配套设施的规模及占用林地面积。

需要注意的是，因各地对林业设施用地的具体规定存在差异，建议在规划配套设施时，及时与当地林业和草原主管部门沟通，并严格按照当地规定执行。各类配套设施用地指标可参考表 6－1 至表 6－7。

表 6－1 供水、供电、供热、供气、通信基础设施组成及占用林地标准

序号	工程设施	设施组成	备注
1	供水设施	包含输水管、水井、排水沟、水塔、晒水池、蓄水池、过滤池、小型污水处理设施等	主要指科研实验观测站、管护站（点）、林场（所）等，占用土地面积按实际需要确定
2	供电设施	包含输电线、配电室、变压器等供电设施	
3	供热设施	包含锅炉房、供暖管线等	
4	供气设施	包括燃气管道、设备房等	
5	通信设施	包含通信基站、通信线杆等	

表 6－2 组培育苗设施及种子贮存设施占用林地标准

序号	工程设施	宽度/面积	单位	备注
1	生产道路	≤6（宽度）	m	
2	晾晒场	≤1 500（用地面积）	m^2	
3	生产用房	≤750（建筑面积）	m^2	

表 6-3 贮存种子、苗木、木材的设施占用林地标准

序号	工程设施	建筑面积	单位	备注
1	种子库	≤1 000	m^2	主要指低温库、常温库、中转库房等贮存林木种质材料或其他繁殖材料的建（构）筑物
2	苗木窖	≤500	m^2	
3	贮藏库	≤700	m^2	

注：建筑面积按实际需要确定。

表 6-4 森林步道及相关配套设施占用林地标准

序号	工程设施	路面宽度/建筑面积	单位	备注
1	森林（游憩）步道	≤2	m	主要指为森林体验、科普宣教、游览休憩等服务的步道、栈道等
2	补给点	≤80	m^2	利用步道两侧空地建设，不得破坏林木及地表植被
3	休憩平台	≤30	m^2	
4	庇护所	≤50	m^2	

注：建筑面积按实际需要确定。

表 6-5 科普、教育、研学活动设施占用林地标准

序号	工程设施	建筑面积	单位	备注
1	林业科研实验工作站	≤400	m^2	各类（野外科学）观测研究用房
2	科研监测宣教点（塔）	≤150	m^2	主要指监测塔、标本馆、观鸟屋、观兽屋等小型站点

注：建筑面积按实际需要确定。

表 6-6 林区生物保护、防火、检疫设施占用林地标准

序号	工程设施	建筑面积	单位	备注
1	野生动植物资源（疫源疫病、原生境）巡护监测站（点）	≤300	m^2	开展日常巡护、野生动植物疫源疫病监测、样本采集工作所需的站点
2	管护点	≤100	m^2	日常管理巡护所需的配套设施
3	哨卡	≤100	m^2	对出入林场、自然保护地等区域的人员及车辆进行检查的门禁系统
4	林业植物检疫检查站	≤100	m^2	对植物及其产品进行检疫检查及除害处理的场所
5	林业有害生物监测点	≤200	m^2	开展有害生物监测调查、种子鉴定、数据上报工作所需的配套设施
6	应急防治物资储备库	≤250	m^2	为存储有害生物应急防治相关物资所需的库房
7	火险综合监测站	≤30	m^2	具有森林火险全要素监测、森林可燃物采集功能的站点
8	瞭望监控塔（台）及配套设施	≤60	m^2	主要指瞭望监控塔（台）、瞭望人员生活用房、备品库和机具库等
9	森林防火物资储备库	≤100	m^2	用于存储防火物资的库房
10	防火检查站	≤120	m^2	用于日常防火检查的站点

注：建筑面积按实际需要确定。

表 6-7 其他直接为林业生产服务的工程设施占用林地标准

序号	工程设施	面积/路面宽度	单位	备注
1	移动类设施	≤1 200 (用地面积)	m^2	在不采伐林木、不影响林木生长且不会污染林地环境的前提下，可以适当设置
2	生产管护设施	≤80 (建筑面积)	m^2	
3	其他监测设施	≤150 (建筑面积)	m^2	监测森林资源或林区内的人为活动
4	其他林业生产道路	≤6 (路面宽度)	m	营林道路、林业生产经营道路、设施连接道路等
5	生产资料库房(采集产品的临时贮藏室和晒场、分拣场)	≤300 (建筑面积)	m^2	根据生产管护、生产资料存放和采集产品晾晒、贮藏的需要而设置

注：建筑面积按实际需要确定。

参 考 文 献

陈泽熊，吕玉奎，2021. 林下高效种植养殖模式及实用技术［M］. 北京：中国农业出版社.

国家林业和草原局，全国林下经济发展指南（2021—2030 年）［EB/OL］.（2021-12-09）［2024-03-20］. https：//www.forestry.gov.cn/main/216/20211209/154649481805175.html.

贾忠奎，2011. 林下经济复合经营实用技术［M］. 北京：中国林业出版社.

农业农村部农田建设管理司，农业农村部耕地质量监测保护中心，2022. 高标准农田建设技术操作手册［M］. 北京：中国农业出版社.

谭著明，2017. 林下经济作物种植新技术［M］. 北京：中国农业出版社.

附录　推动林下经济高质量发展的相关政策

附录一　国务院办公厅关于践行大食物观构建多元化食物供给体系的意见（2024年9月）

树立大农业观、大食物观，农林牧渔并举，构建多元化食物供给体系，是党中央提出的明确要求，是保障粮食和重要农产品稳定安全供给的客观要求和重要举措。为推动把农业建成现代化大产业，巩固提升粮食综合生产能力，全方位、多途径开发食物资源，保障各类食物有效供给，更高质量满足人民群众多元化食物消费和营养健康需求，经国务院同意，现提出以下意见。

一、总体要求

以习近平新时代中国特色社会主义思想为指导，全面贯彻党的二十大和二十届二中、三中全会精神，深入贯彻落实习近平总书记关于“三农”工作的重要论述，锚定建设农业强国目标，树立大农业观、大食物观，推进农业供给侧结构性改革，在保护好生态环境的前提下，从耕地资源向整个国土资源拓展、从传统农作物和畜禽资源向更丰富的生物资源拓展，有效促进食物新品种、新领域、新技术开发，加快构建粮经饲统筹、农林牧渔结合、植物动物微生物并举的多元化食物供给体系，实现各类食物供求平衡，为确保国家粮食安全、建设农业强国提供坚实保障。

——保粮为基，统筹开发。坚持从保障国家粮食安全的大局出发，在确保粮食供给的同时，向森林、草原、江河湖海要食物，向设施农业要食物，向植物动物微生物要热量、要蛋白，拓展食物直接和间接来源，挖掘新型食品资源，保障各类食物有效供给。

——生态优先，绿色开发。践行绿水青山就是金山银山理念，立足资源禀赋，因地制宜开发，做到宜粮则粮、宜经则经、宜牧则牧、宜渔则渔、宜林则林，形成同市场需求相适应、同资源环境承载力相匹配的现代农业生产结构和区域布局，实现生态效益、经济效益、社会效益相统一。

——创新驱动，高效开发。加快构建与食物开发相匹配的科技创新体系，着力突破品种、技术、设施装备等瓶颈制约，培育战略性新兴生物产业，鼓励和支持发展新型食品，用现代农业科技和物质装备拓展农业发展空间，开发丰富多样的食物品种。

——全链打造，深度开发。充分开发农业多种功能，延伸食物产业链、提升价值链、打造供应链，做好“粮头食尾”“畜头肉尾”“农头工尾”增值大文章，提升产供储加销全产业链韧性和弹性，推动农业产业做大做强。

——强化监管，安全开发。坚守质量安全底线，健全相关标准，完善食品安全责任体系，加强食品特别是新型食品安全全过程监管，提升食品全链条质量安全保障水平，切实保障“舌尖上的安全”。

——要素聚集，合力开发。统筹各方力量，完善配套政策，加快资金、技术、人才等要素向多元化食物开发领域集聚，形成政府引导、市场主导、社会参与的食物开发格局。

到2027年，大农业观、大食物观普遍树立，食物来源渠道得到有效拓展，森林、草原、江河湖海食物资源开发取得积极进展，设施农业发展水平不断提高，生物产业稳步发展，构建形成粮经饲统筹、农林牧渔结合、植物动物微生物并举的多元化食物供给体系，产业链条延伸拓展，粮食和重要农产品供给保障更加有力。到2035年，食物产业链条健全完善，食物品种更加丰富多样，多元化食物供给体系全面建成，食物产业质量效益明显提升，人民群众多元化食物消费和营养健康需求得到有效满足。

二、全方位、多途径开发食物资源，拓展食物来源渠道

（一）巩固提升产能，夯实粮食和重要农产品供给基

础。实施新一轮千亿斤*粮食产能提升行动，因地制宜、有力有效加强高标准农田建设，推进粮油等主要作物大面积单产提升，全方位夯实粮食安全根基。深入实施大豆和油料产能提升工程，稳步提高食用植物油自给率。提升棉花和糖料生产能力。优化生猪产能调控机制，稳定牛羊肉基础生产能力，提升奶业竞争力，发展现代渔业。加强南菜北运基地和冷凉地区蔬菜生产基地建设。调优水果生产布局和品种结构，发展现代果园。加强粮食和重要农产品分品种供需平衡分析，引导合理安排生产。

（二）积极发展经济林和林下经济，稳妥开发森林食物资源。因地制宜扩大油茶、油橄榄、仁用杏等木本油料种植面积，实施加快油茶产业发展行动，建设高标准油茶生产基地，改造提升低产林。稳定核桃、板栗、枣类种植面积，建设特色鲜明、集中连片、链条健全的优势产业带。积极发展林果、竹笋及可产饮料调料的经济林。规范发展林下种养，推广林药、林菌、林菜、林下浆果等森林复合经营模式，发展林禽、林畜、林蜂等林下养殖，开发新型森林食品。

（三）大力发展饲草产业，增加草食畜产品供给。加大人工种草力度，建设优良饲草种子田和优质节水高产稳产饲草料地，加快苜蓿等饲草业发展，保障肉牛、肉羊和奶牛等饲草料需求。加强天然草原修复治理，推广免耕补

* 斤为非法定计量单位，1斤＝500g。——编者注

播改良技术，实行草畜平衡、划区轮牧。合理开发南方草山草坡，探索推广豆科与禾本科饲草混播混收混贮模式，扩种多年生饲草。发展青贮饲料，有序推进秸秆养畜，实现“秸秆变肉”。

（四）加快发展深远海养殖，科学开发江河湖海食物资源。加强深远海养殖关键设施装备研发，发展深水抗风浪网箱，稳妥推进大型桁架类网箱和养殖工船建造，建设海上牧场、“蓝色粮仓”。加快培育深远海养殖当家品种，配套发展加工流通业，全产业链推进深远海养殖发展。制定实施全国养殖水域滩涂规划，稳定基本养殖面积。积极发展大水面生态渔业，科学规范开展增殖放流。有序发展近海养殖和捕捞，稳妥推进远洋渔业新渔场新资源绿色可持续开发。建设中心渔港和一级渔港，发展沿海渔港经济区。

（五）加快发展现代设施农业，拓展食物开发新空间。积极发展日光温室、塑料大棚，集中连片推进老旧设施改造提升，加快发展集约化育苗，发展基质、水培等无土栽培，在大中城市周边布局建设植物工厂。发展集约化畜禽养殖，引导养殖设施机械化、智能化改造，提升畜禽养殖标准化规模化水平。引导畜禽屠宰加工企业有序向养殖主产区转移，健全冷链加工配送体系，促进运活畜禽向运肉转变。改造升级传统养殖池塘，积极发展工厂化循环水等养殖模式。实施智慧农业建设项目，建设智慧农场（牧场、渔场）。在具备水资源条件的地区探索科学利用戈壁、荒漠等发展可持续的现代设施农业。新增农业设施建设用地不得占用永久基本农田，占用一般耕地应按规定落实占补平衡。

（六）培育发展生物农业，开拓新型食品资源。积极发展合成生物技术，稳慎推进新型食物产业化。发展食品发酵工业，加快非粮生物质制糖等技术研发应用。拓展新型饲用蛋白来源，推广应用微生物菌体蛋白。加快藻类食物开发，发展海带、裙带菜等食用海藻。

（七）发展壮大食用菌产业，开发食用菌食品。加强食用菌种质资源挖掘和保护利用，强化食用菌功能育种和定向育种。加大知识产权保护力度，加强菌种繁育技术体系建设。改造提升食用菌生产设施，引导经营主体运用现代化设备和先进技术，推广高层、工厂化等生产模式。引导发展食用菌精深加工，开发即食食品、保健食品、生物制品。开展菌渣及副产品综合利用研究，加快饲料替代、有机肥等产业化应用。

三、大力推进科技创新，提升食物开发质量效益

（八）加强食物开发基础研究。聚焦基础前沿领域，加强原创性研究。研究新型食物资源开发和数字监测技术，尽快突破微生物组学、大数据、材料科学与智能制造、食物营养品质智能评价等前沿技术，推进科技与食

物产业发展深度融合。建立膳食营养健康大数据，加强食物营养与健康因子作用机理研究。支持农业科技人才培养计划向食物科技领域倾斜，加强相关学科专业建设。

（九）加快育种创新。深入实施种业振兴行动，构建与食物开发相适应的种业创新体系。健全种质资源收集保存和鉴定利用体系，加强农作物、畜禽、农业微生物、林草、海洋和淡水渔业种质资源库建设。开展木本粮油、设施蔬菜、特色畜禽水产、优质饲草、经济林果、优良菌种等种源攻关，培育高产优质抗逆新品种。加强现代化育种制种基地建设，培育育繁推一体化种业企业。支持木本粮油、设施蔬菜种苗和草种生产基地建设。

（十）构建食物科技创新支撑体系。建设与食物开发相关的科技创新平台基地，打造食品领域战略科技力量。引导企业与科研院所合作，建设食物开发创新平台，研发推广新技术新装备。培育具有核心研发能力和产业带动力的食物开发科技企业。加快攻克木本粮油采收、设施蔬菜育播收运等食物开发关键装备瓶颈，研发推广丘陵山区适用机械、设施种植和畜牧水产养殖装备及林下作物专用机械。

四、推进全产业链建设，提升食物开发价值链

（十一）提升食物加工流通产业水平。引导食品加工

企业在果蔬、畜禽和水产品等主产区布局加工产能，强化产地预冷烘干、鲜切包装等初加工设施建设，发展智能化、清洁化精深加工。支持东北地区发展大豆等农产品全产业链加工，打造食品和饲料产业集群。引导乳品企业发展奶酪、乳清等产品加工。鼓励食品加工企业开发低脂食品，利用加工副产物开发稻米油、胚芽油和蛋白饲料等产品。实施农产品仓储保鲜冷链物流设施建设工程，加强产地仓储保鲜设施建设，完善产地冷链物流重要节点布局和服务网络。改造提升农产品产地市场，在大中城市周边布局建设销地冷链集配中心、主食加工基地等。发展“生鲜电商＋冷链宅配”“中央厨房＋食材冷链配送”等业态模式。

（十二）推进食物产业集聚发展。聚焦食物资源开发，培育一批优势特色产业集群、现代农业产业园、农业产业强镇，引导生产、包装、物流、销售等上下游产业集群发展，促进农村一二三产业融合发展。支持打造一批具有较强竞争力的食品集团，建立健全联农带农机制。发掘中华传统食品和地方特色食品，科学发展食药同源产业、林药产业。

（十三）提升食物质量安全水平。健全农产品标准化体系，制修订农兽药残留、产地环境、投入品管控、产品加工、储运保鲜等标准。实施农业生产和农产品“三品一标”行动，扩大绿色、有机、名特优新和地理标志农产品生产规模。大力发展生态循环农业，推广农牧结合、种养循环模式。全面落实食用农产品承诺达标合格证制度，普及新型速测技术，推进农产品质量安全追溯体系建设，深化农产品质量安全网格化和全链条管理，扩大食用农产品质量安全风险监测范围。建立健全与食物开发相适应的食品安全监管体系，做好新型食品安全性评估，强化全过程监管。

（十四）引导食物营养健康消费。深入实施国民营养计划，完善营养健康标准体系，鼓励企业开发营养健康食品。开展食物营养健康消费科普宣传，引导居民减油增豆、增禽增奶，增加蔬果、水产品及全谷物消费。鼓励电商平台开展产销衔接活动，促进绿色优质农产品销售。持续推进粮食节约和反食品浪费工作，从餐桌抓起，从公共食堂入手，促进食物生产、加工、消费各环节节约减损。

五、强化保障措施

强化融资、保险等政策扶持，充分利用现有政策和资金渠道支持食物开发，实施现代设施农业建设贷款贴息试点，鼓励金融机构创新中长期信贷产品支持生物育种、智能设施研发等。鼓励地方推进农业设施、活体畜禽和水产等抵质押融资，发展特色农产品保险。支持符合条件的食品开发企业按规定享受优惠政策，积极开发新型食品。完善用地政策，在安排土地利用年度计划时，优先保障农村一二三产业融合发展合理用地需求。探索构建大食物监测统计体系。

附录二 国家发展改革委、国家林草局、科技部、财政部、自然资源部、农业农村部、人民银行、市场监管总局、银保监会、证监会10部门联合印发《关于科学利用林地资源 促进木本粮油和林下经济高质量发展的意见》（2020年11月）

发展木本粮油和林下经济产业是丰富农产品供给结构、助力国家粮油安全、促进林区山区群众稳定增收、实现资源永续利用的重要举措。为贯彻落实党中央、国务院关于实施重要农产品保障战略的决策部署，推动科学高效利用林地资源，促进木本粮油和林下经济高质量发展，现提出以下意见：

一、总体要求

（一）指导思想

以习近平新时代中国特色社会主义思想为指导，全面贯彻党的十九大和十九届二中、三中、四中、五中全会精神，落实新发展理念和高质量发展要求，践行“绿水青山就是金山银山”理念，落实重要农产品保障战略，围绕“扩规模、丰品种、调结构、降成本、提质量、拓市场”，进一步优化资源管理制度供给，科学规划木本粮油和林下经济产业布局，切实加大政策引导力度，全面推动产业高质量发展，实现木本粮油和林下经济产量、质量稳步提高，供给结构、产业链条全面优化，市场竞争力、资源综合效益大幅提升，进一步拓宽食物来源渠道，促进增强国家粮食安全保障能力。

（二）基本原则

坚持绿色发展，促进资源永续利用。将保护森林生态系统质量和稳定性作为发展木本粮油和林下经济产业的重要前提，严格保护生态环境，严禁违规占用耕地，协同推进生态保护与绿色富民，促进“产业生态化、生态产业化”。

坚持深化改革，激发市场主体活力。围绕释放林地资源潜力，着力完善资源管理政策，落实财税金融投资等支持政策，释放稳定政策预期，提高木本粮油和林下经济产业对各类市场主体的吸引力。

坚持市场主导，提高产品竞争能力。尊重市场规律和自然规律，充分发挥市场配置资源的决定性作用，充分发掘各地资源禀赋和比较优势，规范产品标准，不断提高在细分市场的竞争力。

坚持科技引领，加快产业提档升级。加快生产创新、组织创新、产品创新和推广应用，促进相关产业由分散布局向集聚发展、由规模扩张向质量提升、由要素驱动向创新驱动转变。

（三）主要目标

到 2025 年，促进木本粮油和林下经济产业发展的资源管理制度体系基本建立，有关标准体系基本涵盖主要产品类别，木本粮油和林下经济的产业布局和品种结构进一步完善，产业规模化、特色化水平全面提升，新增或改造木本粮油经济林 5 000 万亩，总面积保持在 3 亿亩以上，年初级产品产量达 2 500 万吨，木本食用油年产量达 250 万吨，林下经济年产值达 1 万亿元。

到 2030 年，形成全国木本粮油和林下经济产业发展的良好格局，木本粮油和林下经济产品生产、流通、加工体系更加健全，产品供给能力、质量安全水平、市场竞争能力全面提升，机械化智能化水平大幅提高，特色产品竞争力、知名度、美誉度得到国内外市场充分认可。

二、科学利用林地资源

（四）完善资源管理政策

鼓励利用各类适宜林地发展木本粮油和林下经济。推动落实公益林发展林下经济管理规定，允许利用二级国家公益林和地方公益林适当发展林下经济。鼓励地方结合新一轮退耕还林政策或通过对第一轮退耕还商品林地实施林相改造等方式，建设木本粮油和林下经济基地。允许对第一轮退耕还生态林地进行评估后，依法依规调整林种，种植具有良好水源涵养、水土保持功能的木本粮油树种。对调整优化现有木本粮油品种结构的，可优先办理林木采伐审批手续。

（五）放活林地等土地流转政策

建立健全区域统一的自然资源资产交易平台。鼓励通过土地流转以及招标、拍卖、公开协商等方式，合法流转集体所有荒山、荒丘、荒地、荒沙、荒滩等未利用地经营权。鼓励采取出租（转包）、入股、转让等方式流转集体林地经营权、林木所有权和使用权，允许通过租赁、特许经营等方式开展国有森林资源资产有偿使用。符合政策的可向不动产登记机构申请依法登记造册，核发不动产权证书，切实保障土地流转各方合法权益。

（六）落实配套用地政策

在林地、园地、退耕地营造木本粮油经济林的，允许修建必要的且符合国家有关部门规定和标准的生产道路、水电设施、生产资料库房和采集产品仓库；利用林地发展林下经济的，在不采伐林木、不影响树木生长、不造成污染的前提下，允许放置移动类设施、利用林间空地建设必要的生产管护设施、生产资料库房和采集产品临时储藏室，相关用地均可按直接为林业生产服务的设施用地管理，并办理相关手续。涉及将农用地和未利用地转为建设用地的，应当依法依规办理转用审批手续。

三、引导构筑高效产业体系

（七）科学扩大木本粮油产业规模

以各地自然资源禀赋、生态区位为基础，科学划定木本粮油重点基地、主产区和产业带，引导形成产业集聚和发展特色。将油茶作为食用植物油发展的主力军之一，在适生条件良好、产业发展具备一定基础和较大潜力的湖南、江西、广西等南方15省区打造油茶产业融合发展优势区。在北方及西部适宜地区，充分发掘仁用杏、榛子等重点树种栽植潜力，巩固板栗等优势产能，扩大适生品种种植规模。在甘肃、四川、云南、湖北等省区干热河谷、低山河谷地带等适宜地区，积极扩大油橄榄种植。在北方干旱区适当发展长柄扁桃、文冠果等树种，在西北等沙化土地区推广沙枣、沙棘等沙生木本粮油树种，在中原地区统筹推动油用牡丹种植，在适宜地区积极推广山桐子、元宝枫、银杏、香榧、果用红松、澳洲坚果等特色木本粮油树种。鼓励经营者根据市场供求情况，及时调整和优化木本粮油品种种植结构，加快推进提质增效，提高产出效益。鼓励各地结合用材林建设培育果材两用林，不断增加木本粮油生产的潜力和规模。

（八）健全林下产业发展管控制度

根据各地森林资源状况和农民种养传统，以县为单位制定林下经济发展负面清单，合理确定林下经济发展的产业类别、规模以及利用强度。在不影响森林生态功能的前提下，鼓励利用各类适宜林地和退耕还林地等资源，因地制宜发展林下经济产业。严格落实关于全面禁止非法野生动物交易、革除滥食野生动物陋习的决策部署，积极推进林下在养禁食野生动物分类处置，帮助和扶持人工养殖户科学转产。

（九）积极发展林下种养殖及相关产业

充分利用森林空间，深入挖掘鸡、牛、猪、兔、蜂等优良地方品种资源潜力，将林下养殖统筹纳入畜禽良种培育推广、动物防疫、加工流通和绿色循环发展体系，促进林禽、林畜、林蜂等林下养殖业向规模化、标准化方向发展，更好满足人民群众多元化畜禽产品消费需求。在保障森林生态系统质量前提下，紧密结合市场需求，积极探索林果、林药、林菌、林苗、林花等多种森林复合经营模式，有序发展林下种植业。统筹推进林下产品采集、经营加工、森林游憩、森林康养等多种森林资源利用方式，推动产业规范发展。全面提高优质生态产品供给能力，促进形成各具特色的、可持续的绿色产业体系。

（十）促进上下游产业融合发展

完善上下游产业配套，积极引导企业在木本粮油和林下经济产品主产区建设产地初加工基地，鼓励推进食品加工、林药产业、精细化工、动物饲料等精深加工和副产品开发，促进循环利用和综合利用。推进木本粮油和林下经济与旅游、教育、文化、健康养老产业等深度融合，依托木本粮油和林下经济基地，发展各具优势的特色观光旅游、生态旅游、森林康养、森林人家、自然教育产业。支持以木本粮油和林下经济为特色的产业园区按程序申请创建国家农村产业融合发展示范园、国家现代农业产业园等国家级示范园区。

四、全面提升市场竞争能力

（十一）培育壮大市场主体

鼓励各类社会资本进山入林，以整合扩大产业规模、提升单位效益、提高精深加工、冷链贮运和营销能力为重点，创建一批木本粮油和林下经济龙头企业，支持科技含量高的企业申报高新技术企业。依托相关行业协会、龙头企业组织成立木本粮油和林下经济国家产业联盟以及重点产区联盟，培育优势产业集群。支持龙头企业开展林地林木代管、统一经营作业等专业化服务，积极发展家庭林场、林业专业合作社、股份合作林场等新型经营主体，引导适度规模经营，建立完善稳定的利益联结机制，提高林农组织化水平和抗风险能力。鼓励返乡入乡农民工通过发展或参与木本粮油种植、林下特色种养殖及特色加工、物流冷链、产销对接等相关产业，实现就地就近创业就业。鼓励市场主体采取区域性资源整合运作模式，开展合作经营、代管经营、多元开发等业务。

(十二)提升良种良艺良机支撑能力

健全木本粮油种质资源收集保存评价利用体系,选育推广一批高产、抗逆、稳定的木本粮油良种。加强木本粮油良种基地、苗木生产基地建设,建立种苗质量追溯体系,把好种苗质量关,严防劣质种苗流入市场。推广适用栽培、抚育、采收技术和模式,对现有低产低效林进行抚育、更新、改造,着力提高单产水平。加强优良林下种植和养殖品种的选育推广,推动普及林下种植、养殖和采集技术标准和规范。以降低木本粮油和林下经济生产成本、突破地形地貌制约为目标,围绕“轻便上山”装备、植保采摘等重点环节装备以及全程机械化装备体系、智能化装备和作业体系等关键技术开展联合攻关,尽快在实用林机研发方面取得突破。加强良机、良地、良种、良艺配合,在适宜地区开展“以地适机”试点,加快选育、推广适应机械化作业的优良品种和栽培方式。建立包括科研院所、大学、创新型企业、规模化基地在内的林机产业创新联盟,打造完整的技术创新和市场化推广链条。

(十三)全面推进特色品牌塑造工作

依托有关行业协会及产业联盟,共同推进木本粮油市场开拓、行业形象塑造和产品质量标准制定等工作。支持各地开展林下经济特色产品推介、营销和宣传活动,打造一批有市场影响力的知名特色区域品牌和中国驰名商标。广泛组织木本粮油和林下经济产品开展森林生态标志产品认定,以及绿色食品、有机食品、地理标志农产品等认证。

（十四）强化市场信息和产销对接服务

加强木本粮油和林下经济市场信息共享，完善资源、产品统计工作，加强市场供求信息服务，引导产销衔接、以销定产，促进精准生产、精准销售。充分利用线上线下等多种渠道及各类新零售模式，推动优势产地、产品加工基地与各大销售平台对接，大力发展冷链贮运、连锁经营、直采直供、农村电商、网络营销等现代物流和新型营销方式，推动生产者融入现代销售和物流体系。搭建产业合作、招商引资、经贸洽谈平台，支持地方政府、行业协会和产业联盟定期举办木本粮油和林下经济产品线上线下展销活动。

（十五）全面提高产业标准化水平

制定完善木本粮油和林下经济产品种植、仓储、加工等标准，推动企业标准化生产，建设一批国家级木本粮油生产示范基地，鼓励行业协会、生产企业制定和实施严于国家标准的企业标准，建立企业标准自我声明和监督制度。加强日常监督检查，健全产品质量送检、抽检、公示和追溯制度，严厉打击制假、售假等违法违规行为。木本粮油和林下经济食品生产经营企业应建立食品安全追溯体系，鼓励企业采取信息化手段采集、留存生产经营信息。推进诚信机制建设，对有关违法违规或失信行为建立信用记录，纳入全国信用信息共享平台。

五、强化保障措施

（十六）加强组织领导

地方各级政府有关部门要高度重视木本粮油和林下经济发展，将有关事项作为接续推进全面脱贫与乡村振兴有机衔接的重要任务列入重要议事日程，明确目标任务，细化责任分工，确保各项政策措施落实到位。发展改革和林草部门要会同有关部门，加强对木本粮油和林下经济发展的研究和指导，及时解决产业发展中遇到的新情况、新问题，确保各项政策措施落实到位。林草部门要切实加强行业指导，完善和落实好有关资源管理制度，帮助企业和林农享受相关优惠政策。各有关部门要按照职责分工，协调配合、加强沟通，形成共商共促的发展合力。

（十七）完善财税支持政策

鼓励各地建立政府引导、企业、专业合作组织和农民投入为主体的木本粮油和林下经济产业多元化投入机制。中央预算内投资积极支持良种基地（采穗园）、新造木本油料经济林等工程建设。中央财政资金继续支持木本油料营造、改造、林木良种培育和油料产业发展等，将符合条件的种植养殖、采集和初加工常用机械列入农机购置补贴范围；落实好产油大县奖励政策，地方可根据本地实际，用于扶持木本油料等油料生产和产业发展；落实支持木本粮油和林下经济精深加工的税收优惠政策，支持建立现代木本粮油产业技术体系。对符合条件的返乡入乡创业农民工，按规定给予税费减免、创业补贴、创业担保贷款及贴息等创业扶持政策。对在农村建设的保鲜仓储设施用电以及木本粮油和林下经济产品就近初加工用电，实行农业生产用电价格。将符合条件的木本粮油和林下经济良种培育、优质丰产栽培、林机装备、循环利用、储藏加工、质量检测等方面的关键技术研发纳入国家科技计划，支持全产业链科技创新。

（十八）加大金融支持力度

鼓励金融机构在商业可持续、风险可控的前提下，针对木本粮油和林下经济产业特点，合理确定贷款期限和贷款利率，加大信贷投入。落实支持小微企业、个体工商户和农户的普惠金融服务税收优惠政策。将符合条件的木本粮油和林下经济产业贷款纳入政府性融资担保服务范围，鼓励发展基于森林资源的绿色金融产品，探索生态产品价值实现机制。建立木本粮油和林下经济产业投融资项目储备库，推进银企对接。鼓励保险机构进一步扩大木本粮油和林下经济产业保险的业务范围。支持各类市场主体建设产地分拣包装、冷藏保鲜、仓储运输、初加工等设施。鼓励符合条件的木本粮油和林下经济企业上市，发行公司债券、企业债券，拓宽融资渠道。

附录三 国家林业和草原局印发《国家林下经济示范基地管理办法》（2023年12月）

一、总则

第一条 为进一步规范国家林下经济示范基地管理工作，更好发挥示范作用，促进林下经济高质量发展，推进乡村振兴，根据《国务院办公厅关于加快林下经济发展的意见》（国办发〔2012〕42号）和有关规定，制定本办法。

第二条 本办法适用于国家林下经济示范基地的创建、申报、评审、认定、评价与管理等工作。

第三条 国家林下经济示范基地是指经国家林业和草原局（以下简称“国家林草局”）认定，符合国家产业政策，依托森林、林地及其生态环境，遵循可持续经营原则，由企事业单位、专业合作组织、林（农）场等经营主体创建，规模适度、管理规范、绿色发展、特色鲜明、带动力强的林下经济基地。包括林下种植、林下养殖、相关产品采集加工、森林景观利用等类型。

第四条 国家林下经济示范基地创建认定和评价管理工作遵循公开、公平、公正原则。坚持生态优先、合理利用，实行定期监测、动态管理。

二、创建与认定

第五条 国家林下经济示范基地采取创建评估的方式予以认定。林下经济基地经过创建培育后，依据林下经济示范基地条件进行评估。评估合格的，由国家林草局认定为林下经济示范基地。

第六条 创建示范基地，应当以下列条件为目标要求：

（一）经营主体在申报前连续3年均正常生产经营，信誉良好，无重大安全生产事故、重大负面影响或者严重违规违法行为。已建立规范的组织、财务、物资管理和质量监管、收益分配等制度。

（二）普遍运用生态化培育、清洁化生产和资源循环利用模式，化肥、农药、饲料等投入品符合相关标准。未发生破坏森林资源、改变林地使用性质、造成水土流失、影响生物多样性、污染环境等情况。

（三）土地权属清晰，选址符合林地保护利用相关要求，具有生产经营方案或生产规划。发展规模、产品品种、生产方式与生态承载力相适应。具备较完善的基础设施和仓储物流、销售网络等配套设施。

（四）产品具有鲜明特色，具有一定品牌影响力。与科技支撑单位建立长期稳定的合作关系，建立了产品质量追溯和安全管理体系。

（五）具有较强的示范作用，与林农（林区职工）建立了紧密的利益联结机制，带动周边林农就业或从业100人以上，共享发展成果和增值收益。

（六）达到以下规模：

1. 林下种植类。集中连片面积达到500亩以上，近2年年均产值500万元以上。

2. 林下养殖类。集中连片面积达到300亩以上，近2年年均产值300万元以上。

3. 林下种养结合类。林下种植集中连片面积200亩以上，且林下养殖面积集中连片200亩以上，近2年年均产值400万元以上。

4. 产品采集加工类。采集区利用森林面积500亩以上，近2年年均产值300万元以上。

5. 森林景观利用类。集中连片面积达到1 000亩以上，年接待人数达到与上述面积相适应的规模。

6. 具有重大模式创新、科技创新、机制创新等，经济效益明显，具备独特示范作用的基地，可适当放宽条件。

第七条 示范基地创建认定程序如下：

（一）创建启动。国家林草局每2年组织开展一次创建认定工作，公开发布申报通知，明确创建认定要求。

（二）组织申报。符合本办法第六条各项要求的林下经济基地，由其创建主体自愿向基地所在县级林草主管部门提出申请并报送申报材料。县级、市级林草主管部门对申报材料真实性进行审核。经省级林草主管部门（含新疆生产建设兵团林草局，大兴安岭林业集团，内蒙古、吉林、长白山、龙江、伊春森工集团，下同）审核、汇总后报送国家林草局。

申报材料包括：

1. 省级林草主管部门推荐文件；

2.《国家林下经济示范基地申报表》；

3. 林下经济基地申报报告（包括基地简介、基地特色、基地经营情况、基地建设方案或规划等）；

4. 证明材料：包括基地分布图、林地权属关系证明材料、经营主体营业执照、与林农（林区职工）利益联结关系及带动证明材料，产品质量证明，征信证明，专利、成果证书，高新技术产品、原产地保护、食品认证等材料的复印件。

（三）创建培育。创建期内，创建主体应当履行培育和建设职责，创新林下经济生产模式，提升生产科技水平，提高林下经济产能，带动农民增收致富，统筹推进示范基地创建工作。

（四）评估认定。国家林草局委托第三方机构并组织专家对省级林草主管部门推荐的创建基地开展评估。根据评估意见，综合考虑全国林下经济产业分布、区域特色产业发展、经济社会发展需求等因素，提出建议名单，按程序审定后，在国家林草局官方网站予以公示。公示期为7

个工作日，公示期满如无异议，由国家林草局发文公布名单并授牌。

第八条 对新疆、西藏和四省（青海、云南、甘肃、四川）涉藏州县、民族地区、边境地区、革命老区、国家乡村振兴重点帮扶县予以适当倾斜；对大学生、科技工作者、退役军人等返乡下乡人员及林草乡土专家建设的林下经济示范基地，予以适当倾斜。

三、评价与管理

第九条 省级林草主管部门于每年 4 月底前报送上年度示范基地总体运行情况。国家林草局每 3 年对示范基地进行一次全面评价。

第十条 全面评价采取书面材料与现场核实相结合的方式。具体程序为：

（一）基地自评。示范基地根据相关要求及时向林草主管部门提交自评估报告等相关材料。自评估报告内容包括：近 3 年示范基地建设运营情况，带动就业和林农（林区职工）增收情况，整体效益、存在问题与困难、政策建议等。

（二）省级审核。省级林草主管部门对上报材料进行审核，将全省国家林下经济示范基地建设运行总体情况、考核评价表和示范基地自评报告报送国家林草局。

（三）现地核实。国家林草局在审核书面材料的基础上，组织专家组开展随机抽查。

第十一条 考核评价结果分为优秀（85～100分）、合格（60～84分）、不合格（60分以下）3个等级。对评价结果为优秀的，国家林草局将在典型宣传、产品推介、技术推广等方面予以支持。省级以下林草主管部门可通过建设补助、以奖代补、贷款贴息等方式予以支持。

第十二条 有下列情形之一的，取消其示范基地命名并摘牌：

（一）发生破坏森林和野生动植物资源案件、违法占用使用林地、经营主体列入失信名单等重大负面影响的；

（二）发生重大安全生产、产品质量、环保事故以及造成其他重大社会不良影响的；

（三）主营业务发生重大改变，或长期经营管理不善，失去示范作用的；

（四）考核评价不合格的；

（五）不按时提交年度信息数据和自评估报告，自评估报告弄虚作假的；

（六）其他严重违规违法行为。

第十三条 对被取消命名的示范基地，国家林草局在官方网站进行公示公告，3年内不再受理其申报。

四、附则

第十四条 地方各级林草主管部门负责对辖区内国家

林下经济示范基地建设和管理进行日常指导和监督。应将培育国家林下经济示范基地纳入本级林草产业相关规划，给予有效扶持。

第十五条 本办法适用于由原国家林业局自2013年以来，命名为“国家林下经济示范基地”和2016年认定的“国家林下经济服务精准扶贫及绿色产业示范基地”的地区和单位。

第十六条 已命名的国家林下经济示范基地如遇名称或法人等重要信息变更事宜，须及时向省级林草主管部门提出申请，报国家林草局予以核准。

第十七条 本办法自发布之日起施行。

附录四 黑龙江省林业和草原局、黑龙江省农业农村厅、黑龙江省乡村振兴局印发《关于推进全省林下经济产业高质量发展的意见》（2023年8月）

党的二十大报告提出，要发展乡村特色产业，拓宽农民增收致富渠道。2022年3月，习近平总书记作出“向森林要食物”重要指示。按照省委省政府关于做好打造践行大食物观先行地相关工作部署，为推动我省林下经济产业高质量发展，促进乡村产业振兴，形成推进全省林下经济产业高质量发展的意见。

一、总体要求

坚持以习近平生态文明思想为指导，牢固树立“大食物观”和“绿水青山就是金山银山”发展理念，围绕森林资源优势，在保护优先前提下，充分发挥森林“水库、钱库、粮库、碳库”作用，以提供更多优质森林食物产品、改善林区民生为目标，突出发展林粮、林菌、林药、林菜、林果、林下养殖和森林景观利用等林下经济产业，优化产业布局，延伸产业链条，实现林下经济产业高质量发展。

二、主要任务

（一）加大林下经济产业资金政策支持

1. 用好用活财政资金，促进林下经济产业发展。2023年起，统筹省级财政资金支持林下经济产业项目建设，支出用于支持林粮、林菌、林药、林菜、林果、林下养殖、景观利用等重点产业发展，包括重点林下经济产业基地建设，设施设备建设，服务体系建设，质量安全和认证体系建设，品牌建设，营销网络及信息服务、评审调查等。依托中央财政衔接推进乡村振兴补助资金支持欠发达国有林场因地制宜发展特色优势产业，2023—2025年，用于产业发展的资金比例分别不低于60%、65%、70%，且不低于上年度比例。（责任单位：省林业和草原局）

2. 高效使用林地，助力林下经济产业发展。发展林下经济产业应优先利用商品林地，在不采伐林木、不破坏地表整体植被、维持森林生态系统健康稳定的前提下，可进行适度的穴状整地，适度开展林下经济活动。应科学合理设置必要措施，防止加剧或造成新的水土流失。在国有林地范围开展林下经济活动，应当符合已有的森林经营方案。对利用林地发展林下经济产业的，在不采伐林木、不影响树木生长、不造成污染的前提下，允许放置移动类设施，利用无林地或林间空地建设必要的、临时的、简易的生产管护设施、生产资料库房和采集产品临时储藏室，相关用地均可按直接为林业生产服务的设施用地管理，并办理相关手续。涉及将林地转为建设用地的，应当依法依规办理转用审批手续。（责任单位：省林业和草原局）

（二）推动林下经济产业与乡村振兴融合发展

3. 深入挖掘林下经济产业资源优势。在资金投入上向林下经济产业适度拓展，深入挖掘林下经济产业资源优势，在土地入股、资产盘活、合作经营等方面，探索乡村与林区融合发展模式，激发“村场”联动发展潜能；在组织化提升上向林下经济产业不断扩面，指导各地培育壮大新型农业经营主体，推动专业合作社、家庭农场、企业实体等与林场合作，实现互利互惠；在品牌打造上向林下经济产业有效延伸，指导各地积极开展林果、林药、林菜、畜禽、食用菌等森林食品品牌注册，依托网络销售平台，拓宽森林食品产品销售渠道，培育打造龙江森林食物“九珍十八品”和“寒地龙药”品牌。（责任单位：省林业和草原局、省农业农村厅、省乡村振兴局按职责分工负责）

4. 推动基础设施共建。一是在推动“村场”共建上下功夫，引导各地将林场合理纳入村庄规划编制范围，坚持统筹推进规划编制。二是坚持统筹推进人居环境整治。在农村改厕、垃圾治理、污水治理、绿化美化等方面，探索村屯与林场合作共建模式，在建筑材料供应、机械设备作业、绿化苗木采购等领域发挥各自优势，共同建设具有地方特色、符合当地人文习俗、基本具备现代生活条件的和美乡村。三是加强农村公共基础设施建设，加快推进乡村水电路、通信、物流等基础设施建设，组织实施好衔接资金支持开展的村庄小型公益性基础设施建设工程。指导推动各地科学编制乡村建设任务清单，在县级建立乡村建设项目库。（按职责分工负责：省农业农村厅、省乡村振兴局、省林业和草原局）

（三）推动林下经济产业与惠农政策相融合

加强政策支持，在合法耕地范围内，种植粮食作物可同等享受国家和省粮食生产相关补助；利用林地资源发展食用菌、“两牛一猪”等产业，同等享受国家和省相关扶持政策。

5. 加强中药材产业发展相关政策支持。按照《黑龙江省林下产业振兴行动方案》，统一规划布局，进一步释放林地草地空间，鼓励依法依规种植中药材，辐射带动林药产业向林下转移。给予林下仿野生栽培的刺五加、五味子、防风、白鲜皮、赤芍、黄芪（膜荚黄芪）、升麻、黄精、黄芩、威灵仙、射干等政策支持，加大林药产业发展政策支持力度。（责任单位：省林业和草原局、省农业农村厅）

6. 实行畜牧业经营主体贷款贴息。支持林区畜禽规模养殖场、畜产品加工企业及畜禽粪污处理运营企业加快发展，对畜牧业经营主体用于生产发展资金贷款按照1年

期贷款市场报价利率（LPR）给予贴息支持。（责任单位：省农业农村厅）

7. 给予奶牛良种补贴。鼓励林区规模奶牛养殖场使用优质奶牛冷冻精液，改善奶牛遗传品质。采取“先配后补”方式，对存栏100头以上的规模奶牛场使用优质奶牛冻精按照实际价格的50%给予补贴，普通冻精每剂补贴不高于100元，性控冻精每剂补贴不高于150元。（责任单位：省农业农村厅）

对于以上政策支持，同一项目不可重复使用中央及省级财政专项补助资金。

三、保障措施

（一）加强组织领导

切实加强党的领导，充分发挥党总揽全局、协调各方的核心作用。建立组织保障机制，健全形成各部门共抓、行业主推、地方主抓的工作机制。推进工作力量、组织保障、规划实施、项目建设等方面有机结合。

（二）加强部门协调

各地林业和草原、农业农村、乡村振兴等部门，在地方党委、政府的领导下，加强协调配合，认真研究落实政策措施，细化目标任务，并纳入当地年度工作计划，增强区域发展能力，确保大力推动林下经济产业高质量发展、全面推进乡村振兴、加快实现农业农村现代化取得更好成效。

（三）加强推广宣传

各地要及时总结提炼典型案例、经验做法、先进模范，形成一批可复制可借鉴的典型经验、模式做法，向全行业推广宣传。

图书在版编目（CIP）数据

林下经济规划设计指导实务 / 江涛等主编. -- 北京 ：中国农业出版社，2025. 5. -- ISBN 978-7-109-33260-7

Ⅰ. F326.2

中国国家版本馆 CIP 数据核字第 202525AY30 号

中国农业出版社出版

地址：北京市朝阳区麦子店街 18 号楼

邮编：100125

责任编辑：李　瑜　　文字编辑：王禹佳

版式设计：杨　婧　　责任校对：吴丽婷

印刷：中农印务有限公司

版次：2025 年 5 月第 1 版

印次：2025 年 5 月北京第 1 次印刷

发行：新华书店北京发行所

开本：880mm×1230mm　1/32

印张：6.25　　插页：4

字数：125 千字

定价：38.00 元

服务电话：010 - 59195115　010 - 59194918

林地内排水沟和简易林道

毛竹林下简易生产道路

杉木林下地表清理

松树林下地表清理

松树林下整地

经果林下喷灌设施

杉木林架空喷灌系统

杉木林下灌溉设施

松树林地表喷灌设施

松树桩上滴灌设施

稀疏林地坡面集雨设施

林下大棚栽植石斛

林下种植草珊瑚

林下种植茶叶

林下种植覆盆子

林下种植花卉

松树林下种植黄精

林下种植曼陀罗

林下种植人参

林下栽培食用菌

林下种植百合

林下种植元胡

毛竹林下种植重楼

杉木林下种植杜若

杉木林下种植黄精

松树树干上栽植石斛

培育中药材苗

林区养殖特色动物

林下养中华蜂

毛竹林下散养鸡

森林健康文化体验

森林露营

森林人家

森林休憩

森林休闲

竹林旅居

林下采摘体验

林下科普研学

林地管理辅助用房

林地货运轨道

林地微型气象站

林业生产道及围栏